언어 권력

네 말이 아니라 내 말로 살기로 했다

언어 권력

네 말이 아니라 내 말로 살기로 했다

박비주 지음

힘찬북스

LANGUAGE 목차 AS POWER

3장. 단호함은 싸움이 아니라 생존이다

“선을 안 긋는 사람은 결국 선을 넘는 사람에게 당한다.”

4장. 말로 반격하라 — 침묵이 널 구해주지 않는다

“침묵은 무게가 아니라 무기력이다.”

5장. 말은 무기다 — 세계가 아니라 정확하게 베어라
"말을 세게 하는 대신 정확히 하라. 그게 진짜 강자다."

6장. 내 말로 산다는 건 더 이상 미안하지 않다는 뜻이다
"이제는 듣는 인생이 아니라 선언하는 인생이다."

입을 다물고 바보로 여겨지는 것이 입을 열어 모든 의심을 없애
는 것보다 낫다.

마크 트웨인

언어 권력

네 말이 아니라 내 말로 살기로 했다

박비주

프롤로그

나는 오랫동안 남의 말에 기생해 살았다. 타인의 인정이 없으면 내 존재가 흐릿해지는 기분이었다. 누군가 내게 "넌 참 착하다."라고 하면 그게 최고의 칭찬인 줄 알고 입꼬리를 올렸다.

"너는 법 없이도 살 사람이야."

"너 같은 친구가 있어서 다행이야."

나는 그 말들을 훈장처럼 가슴에 달고 다녔다. 하지만 지금 돌이켜보면 그 말은 "너는 내가 무슨 짓을 해도 받아 주는 사람이어야 해."라는 뜻이었다. 나는 칭찬을 받은 게 아니라 가스라이팅을 당하고 있었던 것이다.

나는 철저하게 '편리한 사람'이었다. 누군가 화를 내면 그 화가 풀리도록 달래줬고, 예민하게 구는 사람이 있으면 눈치를 보며 알아서 기었다. 거절을 하면 상대가 실망할까 봐 전전긍긍했고, 내 의견을 말하면 분위기가 싸해질까 봐 입을 다물었다. 모두의 비위를 맞추느라 정작 내 속이 썩어 문드러지는 줄도 몰랐다. '좋은 게 좋은 거지'라는 말은 세상에서 가장 비겁하고 게으른 변명이었다. 그건 평화가 아니라 항복이었고, 예의가 아니라 굴복이었다. 나는 착했던 게 아니라 만만했던 거다. 갈등이 두려워 도망친 겁쟁이였을 뿐이다.

사람들이 내 마음을 흙발로 자유롭게 짓밟고 다닌 이유는 명확하다. 내가 대문을 활짝 열어뒀기 때문이다. 아니, 문지방을 닳게 만든 건 나 자신이었다. "어서 오세요. 저를 밟고 가세요."라고 써 붙인 꼴이었다. 속에서는 천불이 나고 억울함에 피가 거꾸로 솟는데 입 밖으로는 습관처럼 "괜찮아요.", "제가 할게요."를 내뱉었다. 하고 싶은 말은 입안에서 피처럼 돌다가 식어버렸고, 삼킨 말들은 목구멍에 '미안함'이라는 거대한 혹으로 남았다. 그 혹은 점점 커져 나중에는 숨쉬기조차 힘들게 만들었다. 내 감정을 죽인 대가로 얻은 것은 나를 하찮게 여기는 타인들과 병든 몸뚱이뿐이었다. 그 혹이 내 숨통을 완전히 조여올 때쯤 나는 비로소 깨달았다.

"나는 화낼 줄 모르는 고상한 사람이 아니라 나를 지키는 법을 몰라서 당하고만 있었구나."

그날 이후 나는 더 이상 참지 않기로 결심했다. 내 감정을 억누르지 않고 '번역'하기 시작했다. 무례한 사람 앞에서 어색하게 웃어넘기는 짓을 그만뒀다. 속에서 "개소리하네."라는 말이 튀어나오려 할 때 나는 정색하며 "그건 네 기준이고, 내 기준엔 맞지 않아."라고 잘라 말했다. "싫다."고 말하면 나쁜 사람이 될까 봐 억지로 들어주던 부탁 앞에서는 "그건 거절하겠다. 내가 힘들기 때문이다."라고 명확히 통보했다. 습관처럼 튀어나오던 "죄송해요."라는 멘트 대신 "지금은 그 말을 듣고 싶지 않다. 선을 넘지 마라."고 차갑게 선을 그었다.

결과는 놀라웠다. 내가 입을 열자 시끄럽던 세상이 거짓말처럼 조용해졌다. 나를 감정 배출구로 쓰던 인간들, 필요할 때만 찾던 껍데기들은 떨어져 나갔다. 그들은 나를 "변했다."며 비난하고 떠났지만, 나는 그들의 뒷모습을 보며 안도했다.

반면에 나를 있는 그대로 존중하는 진짜들만 내 곁에 남았다. 단호함은 싸움이 아니었다. 내 인생을 무단으로 점거하고 있던 '불법 점거자'들을 내쫓는 강제 집행이었다. 쓰레기를 치워야 방이 깨끗해지듯 인간관계를 정리해야 내 삶이 맑아진다는 것을 그때 알았다.

단호하게 산다는 건 목소리 크기 싸움이 아니다. 악을 쓰고 소리를 지르는 건 하수나 하는 짓이다. 진짜 단호함은 흐릿했던 내 의사를 선명하게 조각하는 일이다. 예전엔 타인의 말 한마디에 내 하루 전체가 흔들렸지만, 이제는 문장 하나로 그들의 입을 닫게 한다.

"그건 네 생각이고 난 다르게 생각해."

이 말들은 나를 지키는 가장 완벽한 방패이자, 상대를 제압하는 가장 우아한 칼이다.

사람들은 여전히 수군거린다.

"너 예전이랑 다르게 좀 차가워졌어."

"독해졌다."

나는 그들의 눈을 똑바로 쳐다보며 웃으며 대답한다.

"아니, 이제야 적정 온도를 찾은 거야."

남의 온도에 맞추느라 끓어오르거나 얼어붙던 시절은 끝났다. 이제 나는 내 불로 나를 데우고 내 말로 과열된 상황을 식힌다. 타인의 평가 따위는 내 알 바 아니다. 내가 나를 어떻게 생각하느냐가 유일한 기준이다.

이제 나는 미안하지 않다. 누가 뭐라 짖어도 내 말은 내 편이다. 내 입에서 나온 문장들이 내 삶의 가장 튼튼한 울타리가 되었다.

'착하다'는 말보다 '함부로 건들 수 없는 사람', '자기 색깔이 분명한 사람'이라는 말이 더 듣기 좋다. 남들에게 이해받으려 구걸하는 대신 나를 잃지 않는 고고함을 택하겠다. 타인의 기분을 맞추느라 내 인생을 낭비하기엔 남은 시간이 너무나 아깝다.

이 책은 남의 말에 끌려다니던 대한민국 대표 바보들에게 "그동안 참느라, 맞추느라, 눈치 보느라 고생했다. 하지만 위로는 여기까지다."라고 말하고 있다.

이제는 일어서야 한다. 이건 복수가 아니다. 살아남은 자가 내뱉는 승리의 언어다. 나는 싸우려는 게 아니다. 이제는 내 말로 숨을 쉬겠다는 선언이다.

더 이상 침묵하지 마라. 당신의 침묵은 평화가 아니라 당신이 죽어가고 있다는 신호다.

입을 열어라. 그리고 뱉어라. 이제는 네 말로, 너를 가두던 세상을 베어낼 차례다.

2025. 12

말은 생각의 옷이다.
쇼펜하우어

제1장

남의 말로 살기엔
내 인생이 너무 아깝다

"착한 게 아니고 호구였다."

착한 척하다 말리고, 미안하다가 버릇된 사람들

착한 척하다가 말린다. 이 문장은 귀여운 농담이 아니라 오랫동안 남의 눈치를 업으로 삼아 살아온 사람들이 정강이 맞듯 꺾이는 진실이다. 당신은 원래부터 호구 체질이 아니었다. 그냥 싸움이 싫었고, 분위기 깨기 싫었고, "아이고 저 사람 참 착하네."라는 말에 은근히 위로받고 싶었을 뿐이다. 그런데 그게 인생의 트랩이었다. 당신이 '괜찮아요'를 한 번 외칠 때마다 세상은 당신 등짝에 한 번 더 올라탔다. 그러면서도 사람들은 당신을 향해 "넌 정말 착한 사람이야."라고 감미롭게 말한다. 그 말의 진짜 번역은 "넌 내 감정 쓰레기를 가장 편하게 버릴 수 있는 매립지야."이고, "넌 내 실수를 부드럽게 흡수해주는 에어백이야."이다. 즉 당신의 배려는 존중이 아니라 무료 서비스 취급을 받는 중이다.

착한 사람들에게는 기묘한 패턴이 있다. 부탁하면 거절을 못 하고, 상대가 짜증 내면 대신 사과하고, 잘못이 없어도 "제가 더 잘했어야 했는데…."라는 죄책감부터 꺼낸다. 상대의 기분이 흐려지면, 당신이 그 감정을 대신 닦아줘야 한다고 착각한다. 이쯤 되면 인간이 아니라 감정 대리운전 기사다. 더 무서운 건, 당신이 그걸 미덕이라고 믿고 있다는 사실이다. 착하게 굴면 관계가 평화로울 거라고, 참으면 세상이 언젠가 알아줄 거라고 믿으니까. 하지만 착한 척으로 유지되는 평화는 평화가 아니다. 그건 항복이고, 침묵이고, 자기 존재를 할인 판매하는 영업이다. 당신이 예의 바르다고 느낀 건 사실 '아무 말도 못 하는 사람이 되어버렸다'는 부드러운 자조였다.

세상이 당신을 함부로 대하는 이유는 의외로 단순하다. 당신이 가만히 있기 때문이다. "가만히 있으면 중간은 간다."는 말은 착한 사람끼리 만든 자위적 주문이다. 실제로는 가만히 있으면 밑으로 내려간다. 조용한 사람에게는 더 많은 짐이 얹힌다. "저 사람은 원래 참잖아." "저 사람은 뭐라 안 하잖아." 그 말은 칭찬이 아니라 면허다. 당신에게 무슨 짓을 해도 된다는, 평생 무료 통행권 같은 면허. 그러니 착한 척하다가 말린 사람들은 마지막엔 똑같은 장면을 맞는다. 다 떠난 자리에서 혼자 "미안해요."라고 중얼거린다. 그 순간에도 "내가 너무 예민했지…."라고 자책한다. 그건 미덕이 아니라 습관화된 자기 배신이다.

이쯤 되면 깨달아야 한다. 당신이 그동안 착한 게 아니라 겁이 많았던 것이다. 미움을 두려워했고, 갈등을 피했고, 관계가 끊어질까 봐 초조했다. 그래서 자꾸 참았다. 그런데 참을수록 사람들은 당신을 더 무시했다. 착한 사람을 세상이 상으로 보상해 준다는 건 옛날 동화책에서나 가능한 이야기다. 현실에서 착한 사람은 칭찬 대신 이용당하고, 배려 대신 착취당한다. 세상은 '좋은 사람'을 좋아하는 게 아니라 '편한 사람'을 좋아한다. 편한 사람은 마모가 빨리 온다. 좋은 사람은 오래가지 못한다. 그래서 착한 사람은 늘 어딘가 부서져 있다. 그 부서진 틈으로 "미안해요."가 새어 나온다.

하지만 이제는 다르게 가야 한다. 당신은 더 이상 남의 마음을 달래는 자판기가 아니다. 진짜 미안해야 할 사람은 당신이 아니라 당신에게 기대고 이용해 온 사람들이다. 단호함이 독하다고? 아니다. 단호함은 정직하다. 착한 척은 기분을 맞추지만, 단호함은 삶을 지킨다. 그러니 이제 이렇게 말해야 한다.

"그건 내 기준에는 맞지 않습니다."

"그건 당신의 입장이에요. 내 입장은 다릅니다."

"지금은 그 말을 받을 생각 없습니다."

이 문장들은 공격이 아니라 당신의 생존 권리다. 단호함은 싸움이 아니라 해독이다. 마음속에서 오래 썩어 있던 '착한 척의 독'을 배출하는 가장 빠른 방법이다.

사람들은 당신이 단호해지면 "너 변했어."라고 말할 거다. 사실 그 말의 번역은 "이제 내가 너를 조종할 수가 없네?"이다. 변한 건 당신이 아니다. 당신을 편하게 쓰려던 그들의 권리가 사라진 것뿐이다. 단호함은 고립이 아니다. 오히려 가짜 관계를 떨어트리고 진짜 관계만 남기는 정화 장치다. 착해 보여서 좋아했던 사람들은 떨어져 나가고, 단단한 당신을 존중하는 사람들이 남는다. 그게 건강한 생태계다.

기억해라. 당신은 착한 게 아니었다. 그냥 너무 오래 당했을 뿐이다.

그리고 이제, 그 오래된 패턴을 끝낼 시간이다. 남의 기분에 맞춰 사는 삶은 오늘로 종료다. 앞으로는 당신의 말, 당신의 기준, 당신의 감정으로 사는 거다.

착하게 사는 대신 정확하게 살아라. 그게 진짜 좋은 사람의 완성형이다.

1-2

{ "좋게 좋게 하자."는 사람치고
진짜 좋은 사람 없었다 }

사회생활을 하다 보면 꼭 만나는 부류가 있다. 갈등이 생기려고 하면 어김없이 부처님 미소를 지으며 나타나, 입에 꿀을 바른 목소리로 이렇게 말하는 사람들. "에이, 우리가 남도 아니고. 그냥 좋게 좋게 넘어갑시다." 이 말은 참 달콤하다. 듣는 순간 내가 괜히 예민한 사람인 것 같고, 여기서 더 따지면 사회 부적응자라도 될 것 같은 공포가 스멀스멀 밀려온다. 그러나 속지 마라. 이 말은 평화협정이 아니다. '닥치고 항복해라'라는 내용을 예쁜 포장지로 감싼 언어적 사기다. 번역기를 돌리면 답은 뻔하다. "좋게 좋게 하자."는 결국 "나는 시끄러운 거 딱 질색이니 네가 조용히 손해 좀 봐라.", "내 기분은 소중하니까 네 감정은 네가 알아서 접어라."라는 뜻이다. 협상이 아니다. 합리적 타협도 아니다. 일방적인 입틀막 명령이다.

이 말을 입에 달고 사는 사람들을 들여다보면 더 가관이다. 겉으로는 평화를 사랑하는 비둘기처럼 행동하지만, 실제로는 삶에서 가장 귀찮은 감정 노동을 최소화하는 데 혈안이 된 귀차니스트들이다. 갈등을 해결하는 데는 에너지가 든다. 사실을 정리해야 하고, 진심을 꺼내야 하고, 때로는 서로 얼굴을 붉혀야 한다. 그들은 그 모든 과정을 감당할 용기가 없다. 그래서 고른다. 가장 가성비 좋은 해결책. 바로 당신 하나만 호구로 만드는 것이다. 당신만 참으면 상황은 종료되니까. 얼마나 효율적인가? 그러고는 당신이 정당하게 문제를 제기하면 "왜 그렇게 까칠해? 분위기 깨게."라며 적반하장을 시전한다. 전형적인 도망꾼의 패턴이다. 본인은 쿨한 어른인 척하지만, 사실은 감정 충돌을 직면할 배짱조차 없는 어린애다.

이 '좋게 좋게' 전략에 넘어가면 어떤 일이 벌어질까? 상대는 두 다리 쭉 뻗고 잔다. "아, 오늘도 평화롭게 마무리했군. 역시 나는 중재의 달인.” 자화자찬까지 곁들인다. 반면 당신은? 억울해서 속이 문드러지고 분노가 식도 끝까지 차올라 헛구역질이 난다. 이건 공평한 거래가 아니다. 심리학적으로 보면 명백한 정서적 착취다. 상대는 감정 노동을 당신에게 외주 맡기고 본인은 자기 기분만 지켜낸다. 당신은 하청 직원처럼 쌓여 들어오는 감정을 꾸역꾸역 처리하다 결국 마음이 다 헐어버린다. ‘참는 게 이기는 거다’라는 말은 옛말이다. 현대 사회에서 참는 건 그냥 병나는 패배 전략이다.

그러니 반격해라. 누군가 느끼한 미소로 “아유, 우리 좋게 좋게 가요.”라고 말하면, 같은 미소를 지으며 조용히 되물어라. “좋게 좋게라니요. 그 ‘좋게’가 부장님한테만 좋은 건지, 제게도 좋은 건지부터 확인하고 얘기하죠.” 혹은 “좋게라는 게 제가 억울함 참고 넘어가는 거면 저는 그다지 안 좋은데요.” 그 한마디면 충분하다. “좋게 좋게.”라는 마법 주문은 당신이 순순히 당해줄 것이라는 전제를 깔고 있다. 당신이 그 전제를 무너뜨리는 순간 그들의 가짜 평화는 산산이 깨진다.

좋은 게 좋은 게 아니다. 정확한 게 좋은 것이다. 진짜 성숙한 관계는 불편함을 회피하지 않는다. 곪은 상처는 째야 낫고 틀어진 뼈는 맞춰야 다시 걸을 수 있다. 그 과정은 당연히 아프고 불편하다. 그 불편함을 견디며 솔직하게 대화하는 사람이 어른이다. 반대로 "좋게 하자."며 덮어버리려는 사람은 몸만 큰 미성숙자일 뿐이다.

그러니 이제 슬로건을 바꿔라. "좋게 좋게."라는 말 대신 "정확하게 갑시다." 웃으면서 속 터지지 마라. 착한 척하며 내면을 곪게 하지 마라. 평화를 말하는 사람 중에 진짜 좋은 사람은 단 한 명도 없었다. 그들은 당신의 착함을 인질 삼아 자기 편한 결말을 만든 사기꾼일 뿐이다. 애매한 평화보다 명확한 전쟁, 아니 명확한 계산을 선택해라. 그게 당신의 자존을 지키는 유일하고 단단한 방식이다.

말 안 하면 평화일 줄 알았는데 그게 복종이었다

많은 사람들이 착각하는 공식이 있다.

'내가 입을 다물면 상황이 조용해진다. 조용해지면 평화가 온다.'

틀렸다. 완전히 틀렸다. 당신이 입을 다물어서 찾아온 고요함은 평화가 아니다. 그건 복종이다. 당신의 침묵은 상대에게 "네 마음대로 해도 된다."는 프리패스였다. 당신은 그저 싸우기 싫어서 가만히 있었을 뿐인데 그들은 당신의 침묵을 동의로 해석하고 당신의 영역에 흙발을 들여놓았다. 한 번의 침묵은 실수일 수 있다. 두 번의 침묵은 습관이 되고 세 번째 침묵은 영구적인 서열이 된다. 그 순간 관계는 대화가 오가는 인간관계가 아니라 명령과 수행만 남은 노예 계약으로 변질된다.

인간은 사회적 동물이기 전에 짐승이다. 상대를 보자마자 본능적으로 견적을 낸다.

'이 사람은 밟아도 되는 사람인가, 아닌가.'

반응이 느린 사람, 싫은 소리 못 하는 사람, 무례한 농담에도 허허 웃으며 넘어가는 사람을 보면 상대의 뇌는 즉시 판단한다. 아, 얘는 안전하다. 샌드백으로 써도 되겠다. 착한 사람이 세상에서 가장 만만한 이유는 성품이 좋아서가 아니라 말이 없기 때문이다. 자기 감정의 깃발을 꽂지 않으니 상대가 그 땅을 자기 땅이라고 우기는 것이다. 침묵은 착한 사람의 묘비명이다.

"여기, 평화를 지키려다 호구로 생을 마감한 사람 잠들다."

당신이 말 대신 삭일 때 상대는 묘한 쾌감을 느낀다. 내 말이 법처럼 통하는 그 짜릿함. 그건 지배의 맛이다. 사람은 자신보다 약한 사람을 누를 때 도파민이 분비된다. 그래서 한 번 고개를 숙이면 끝이다. 처음엔 "친구끼리 이 정도는 괜찮잖아." 다음엔 "넌 원래 착해서 잘 참잖아." 그리고 마침내 "넌 그 정도는 감당해야지, 왜 유난이야?"가 된다. 당신이 평화를 산답시고 자존심을 팔아넘긴 대가로 잃은 건 단순한 기분이 아니라 존중 자체다.

말하지 않는 사람은 관계에서 유령이 된다. 상대는 당신을 편한 사람이라고 부를 것이다. 착각하지 마라. 그 말의 진짜 뜻은 "넌 내 말 다 들어주는, 소리도 안 나고 문제도 안 일으키는 고성능 가전제품이야."라는 뜻이다. 기능 좋은 제품은 결국 소비되고, 닳으면 버려진다. 당신의 착함은 상대의 이기심을 비옥하게 키워주는 비료였다. 그들이 당신 위에 당당히 올라탄 이유는 단 하나, 당신이 처음부터 밀어내지 않았기 때문이다. 관계는 평등하지 않으면 반드시 썩는다. 그리고 썩은 관계는 저절로 떨어지지 않는다. 항상 착한 쪽부터 문드러진다.

그들은 언제나 부드러운 얼굴로 말한다. 그냥 좋게 넘어가자고. 번역하면 "내가 편하게 끝내자."는 뜻이다. 당신의 평화를 위한 말이 아니라 그들의 불편함을 최소화하기 위한 계산이다. 당신이 입을 열지 않는 순간 그들은 당신을 두려워하지 않는다. 두려움이 없는 관계에 존중은 없다. 사람은 경계선을 분명하게 그어 놓는 사람에게만 조심스러워진다.

진짜 평화를 원한다면 싸우지 말고 선을 그어라. 소리를 지를 필요도 없다. 방법은 단순하다. 타이밍을 놓치지 말고 바로 말해라. 어? 하고 넘기는 순간 당신의 감정은 효력을 잃는다. 그 즉시 "잠깐만요. 그건 아닌 것 같네요." 라고 브레이크를 걸어라. 거절하면서 애매하게 웃지 마라. 그 웃음은 항복 선언으로 보인다. 표정을 굳히고 말해야 말에 무게가 실린다. 그리고 구구절절 설명하지 마라. 싫은 이유를 50줄 써야 하는 건 부당한 계약서에나 필요한 일이다. 싫으면 싫은 거다. 짧고 정확하게 잘라라.

당신이 침묵할 때 상대는 당신을 길들인다. 그래서 당신이 사라져도 그들은 놀라지 않는다. 그들 눈에서 당신은 인격체가 아니라 고장 난 편의 기능이었다. 새 기능을 찾으면 그만이니까. 그러니 그 더러운 계약을 끝내라. 말하지 않아서 얻은 고요는 평화가 아니라 시한폭탄이다. 언제 터질지 모르는 불안 위에서 웃고 있었던 것뿐이다.

이제 이렇게 선언해라. 나는 조용히 복종하지 않는다. 나는 말로써 나를 지킨다. 당신이 입을 여는 순간 그들의 견고했던 지배 구조는 모래성처럼 무너진다. 그들은 더 이상 당신 위에 설 수 없다. 진짜 평화는 비겁한 침묵에서 오지 않는다. 경계를 세우는 한 문장에서 시작된다.

"나는 당신의 편리한 소모품이 아니다."

그 한 문장이 당신의 자존을 되살리는 첫 문장이다.

내 감정 무시한 대가로 얻은 건 피로뿐이었다

사람은 자기 감정을 무시한 만큼 정확하게 피로해진다. 이 피로는 근육에서 오는 피로가 아니다. 영혼에서 오는 피로다. 이름을 붙이자면 감정 과로사다. 착한 사람들은 착각한다. 내가 조용히 넘어가면 관계가 평화롭겠지. 내가 참으면 분위기가 깨지지 않겠지. 아니다. 그건 평화가 아니라 자기 파괴다. 당신이 침묵으로 덮어둔 건 평화가 아니라 썩어가는 내부의 냄새다.

감정을 억누르고 사는 사람은 타인의 기분을 신호등처럼 살핀다. 상대의 미간이 찌푸려지면 멈추고, 말투가 싸늘해지면 비상등을 켜고 억지 미소를 짓는다. 하루 종일 인간관계 레이더를 켜둔 채 살아간다. 방전되는 건 당연하다. 그리고 이 과정에서 가장 먼저 버려지는 건 '나'다. 불편해도 "괜찮아요."라고 웃고, 억울해도 "이해해요."라고 덮는다. 겉보기엔 관계가 멀쩡해 보인다. 하지만 속은 이미 감정이 썩어 문드러진 좀비 상태다. 그 썩은 감정이 뿜어내는 독가스가 바로 당신의 만성 피로다.

착한 사람의 내면은 감정 쓰레기 매립지다. 남의 불안, 분노, 징징거림이 전부 당신의 마음에 던져진다. 심지어 당신은 그걸 받아주며 자신을 착한 사람이라고 믿는다. 착각하지 마라. 그건 배려가 아니라 자기 학대다. 심리학에서는 이를 '무한 수용의 덫'이라 부른다. 당신이 감정을 억누르고 받아주면 상대에게 이런 신호를 보낸다. 나를 마음대로 해도 된다. 나는 감정 없는 쓰레기통이다. 이 신호는 놀라울 만큼 강력하다. 처음엔 고맙다고 하던 사람은 결국 "그건 네가 원래 해야 하는 일 아니야?"로 변하고, 마지막엔 적반하장으로 이렇게 말한다.

"너 예전엔 안 그랬잖아?"

이 말은 칭찬이 아니다. 네가 맡은 호구 역할을 유지하라는 협박이다.

반면 당신의 몸은 거짓말을 하지 않는다. 당신이 머리로 "나는 괜찮다."라고 최면을 걸 때 몸은 비명을 지른다. 자고 일어나도 피로가 풀리지 않고, 사소한 말에도 심장이 뛰고, 이유 없는 두통과 불면이 찾아온다. 이건 당신이 약해서가 아니다. 몸이 보내는 마지막 파업 선언이다. 제발 그만 무시해. 네가 지금 나를 학대하고 있어. 감정은 사라지지 않는다. 억눌릴 뿐이다. 출구를 잃은 감정은 형태를 바꿔 몸을 공격한다. 당신은 착해서 아픈 게 아니다. 말하지 않아서, 표현하지 않아서 아픈 것이다. 감정은 삼키면 독이 되고 말하면 해독이 된다. 침묵은 미덕이 아니라 느린 자살이다.

결국 착함은 미덕이 아니다. 구조다. 한쪽이 끝없이 참고 양보하면 다른 쪽은 반드시 지배한다. 이건 인간 심리의 중력이다.

감정을 표현하지 않는 사람은 필연적으로 지배당한다. 왜냐하면 표현하지 않는 감정은 타인에게 '허락'으로 보이기 때문이다. 그럼에도 사람들은 착한 자신을 자랑한다. 화를 내지 않고, 늘 웃으며, 배려 넘친다고. 그런데 그 배려의 끝엔 늘 같은 결과가 있다. 피로. 분노. 자기혐오. 이 세 가지는 항상 세트다.

하지만 피로는 나쁜 신호가 아니다. 피로는 깨어나라고, 지금 경계선을 다시 세우라는 당신의 영혼이 보내는 구조 신호다. 착해야 한다는 낡은 도덕을 찢어라. 그건 세상이 당신에게 씌운 족쇄다. 필요 없는 착함을 걷어내고 필요한 솔직함을 꺼내라. 싫다는 말은 죄가 아니다. 오히려 자존을 지키는 최소한의 안전장치다. 힘들다는 말 역시 약함이 아니다. 오히려 나에 대한 책임이다.

진짜 평화는 타인의 기분을 맞춰서 오는 게 아니다. 내 감정을 인정하고 내 경계를 지킬 때 생긴다. 당신이 그렇게 힘들었던 이유는 세상이 잔인해서가 아니다. 당신이 자기 감정을 방치했기 때문이다. 감정을 무시하면 결국 당신이 당신을 버리는 꼴이 된다.

이제 착한 척은 끝내라. 착한 척은 피로를 낳고, 피로는 인간을 부식시킨다. 거울을 보고 단호하게 선언해라.

나는 더 이상 감정의 쓰레기통이 아니다.

나는 관계의 소모품이 아니다.

내 감정을 무시한 대가로 얻은 건 피로뿐이었다.

그리고 그 피로가 지금 당신을 깨운다.
그 피로가, 사실은 당신 편이다.

듣기만 하다 입병 난 인생
이젠 말로 치료할 차례다

너는 오랫동안 '듣는 사람'이라는 족쇄에 묶여 살아왔다. 입은 굳고, 귀는 타인의 감정 쓰레기를 받아내는 수거함이 되었다. 누가 울든, 누가 화를 내든, 너는 묵묵히 고개를 끄덕였다. 사람들은 말했다.

"넌 들어줘서 참 고마워."

그러나 그 말은 칭찬이 아니었다. 그것은 정서적 착취의 세련된 표현이었다. "너는 내가 죄책감 없이 감정을 버릴 수 있는 사람."이라는 뜻이었다. 듣기만 하는 관계는 폭포와 웅덩이 같다. 한쪽은 쏟아내고, 한쪽은 삼키며 썩는다. 그렇게 네 말은 썩어 문드러지고, 그 자리에 피로가 자라난다.

시간이 지나면 네 몸은 먼저 반응한다. 이유 없이 짜증이 나고, 관계가 버겁고, 숨이 막힌다. 그건 게으름이 아니라 신호다. 말하지 못한 감정이 몸 안에서 썩어가고 있다는 경고다. 침묵은 미덕이 아니라 자해다. 네가 참을수록 상대는 더 쏟아낸다. 네가 웃을수록 그들은 더 편안해진다. 그렇게 네 안의 분노는 스스로를 태우며 안으로 폭발한다. 겉으로는 평온하지만 속은 이미 불타는 잿더미다.

이제 그만 착한 환자를 자처하라. 네 입을 틀어막은 건 배려가 아니라 두려움이다. "싫다."는 한마디를 꺼내면 관계가 깨질까 봐, "그건 아니야."라고 말하면 나쁜 사람으로 찍힐까 봐, 네 감정을 스스로 억눌렀다. 그러나 그 대가로 잃은 건 관계의 평화가 아니라 네 자존심이다. 네 몸은 이미 오래전부터 구조 신호를 보내왔다. 불면, 위염, 두통— 그건 단순한 증상이 아니라 네 감정이 썩어 들어간 흔적이다. "이제 그만, 말하라." 네 몸은 이미 그렇게 외치고 있었다.

이제는 반격이 아니라 회복의 시간이다. 말은 싸움의

도구가 아니라 관계를 리셋하는 기술이다. 하지만 대부분의 사람은 "말하면 싸움이 날까 봐."를 핑계로 침묵을 택한다. 그러나 진짜 싸움은 말하지 않을 때 터진다. 쌓이고, 부풀고, 결국 터진다. 관계는 폭발로 깨지는 게 아니라 침묵으로 곪아 터지는 것이다. 그러니까 네가 해야 할 건 분노를 터뜨리는 게 아니라 정확하게 번역하는 것이다.

스피치 전문가로서 나는 단언한다. 말을 잘한다는 건 말을 많이 한다는 뜻이 아니다. 말을 정확히 한다는 뜻이다. 감정을 억누르지 않고도 품격 있게 표현할 수 있는 기술이 존재한다. 그 기술은 세 가지 단계로 구성된다. 정서의 통제, 논리의 구조화, 언어의 명료화. 감정이 정제되지 않으면 논리가 무너지고, 논리가 없으면 설득이 불가능하다.

감정을 다스리는 첫 번째 방법은 감정을 다르게 말하는 것이다. "짜증 나요." 대신 "이 상황이 저를 지치게 하네요."라고 말해라. 공격이 아니라 명료함으로 표현하라. 감정의 방향을 상대에게 향하게 하지 말고, 상황으로 분리해라. 그 한 문장이 불을 끄는 물이 된다.

두 번째는 말의 구조다. 스피치에는 힘의 방향이 있다.

"너는 틀렸어."가 아니라 "나는 이렇게 생각해."로 바꿔라. 주어를 '너'에서 '나'로 옮기는 순간 대화의 톤은 공격에서 협력으로 바뀐다. "그건 내 방식과 달라요." 대신 "내가 생각하는 접근은 조금 달라요."라고 해보라. 이것이 바로 '관계보존형 표현법'이다. 상대의 자존심을 건드리지 않고도 나의 경계를 세우는 기술이다.

세 번째는 어조다. 감정이 섞인 단호함은 공격으로 들리지만 감정이 빠진 단호함은 신뢰로 들린다. 말할 때는 낮은 톤, 느린 속도, 짧은 문장을 기억하라. 낮은 톤은 안정감을, 느린 속도는 권위를, 짧은 문장은 명확함을 만든다. "지금은 그 말이 좀 버겁네요."라고 말할 때 속도를 늦추고 호흡을 길게 가져가라. 그 차분함이 감정의 진심을 전달한다.

"그 이야기는 지금 나에겐 필요하지 않아요."

이건 단절이 아니라 조율이다. 대화를 끊는 게 아니라 관계의 균형을 다시 맞추는 신호다. 감정적으로 단호한 사람은 불편하지만 감정적으로 명료한 사람은 신뢰를 준다. '정확하게 말할 줄 아는 사람'은 결국 관계를 주도한다.

말의 설득력은 진심보다 구조가 결정한다. 진심만으로

는 감정의 폭풍을 막을 수 없다. 구조가 없는 말은 흩어지고, 톤이 불안한 말은 공격처럼 들린다. 그러니 스스로에게 묻자.

"나는 지금 감정을 쏟으려는가, 아니면 의미를 전달하려는가?"

그 한 번의 자각이 감정의 폭발을 대화의 힘으로 바꾼다.

진짜 성숙은 '제때 말하는 용기'다. 네가 말하지 않으면 아무도 네 한계를 몰라준다. 세상은 네 침묵에 감사하지 않는다. 오히려 그걸 '허락'으로 착각한다. 네가 말하지 않으면 사람들은 계속해서 너의 선을 넘는다. 착한 사람은 결국 이용당한다. 듣는 사람으로만 남은 인생은, 타인의 독백 속에서 천천히 지워지는 조연이다.

이제 입을 열어라. 말은 반격이 아니라 자기 회복이다. 감정을 삼키면 병이 되지만, 문장으로 번역하면 힘이 된다. 진실한 한 문장은 썩은 감정의 고름을 밀어내는 항생제다. 침묵이 병이라면, 말은 처방이다.

"듣기만 한 나의 무례함이 나의 존엄을 침해했다."

이건 선언이다. 회복의 첫 문장이다.

이제 네 차례다. 말해라. 싸우지 말고, 살아라. 너의 목소리가 네 인생을 다시 숨 쉬게 할 것이다. 침묵으로 병들었던 네 삶은, 네 말로 비로소 회복된다.

제2장

감정은 참는 게 아니라 번역하는 거다

"화내는 건 미숙한 게 아니라 살아있다는 증거다."

기분 나쁨은
공격이 아니라 기준의 신호다

기분이 나쁜 건 결코 이상한 게 아니다. 그건 네 감정이 고장 난 게 아니라 "지금 내 기준선을 누가 밟았다."는 경고다. 몸이 열이 나는 건 면역체계가 작동했다는 뜻이듯 기분이 나쁜 건 감정의 면역이 작동 중이라는 신호다. 그런데 사람들은 그 신호를 불편해하며 꺼버린다. "내가 너무 예민한가 봐." "괜히 분위기 망치면 안 되잖아." 그렇게 감정의 경고등을 무시하고 살아간다. 그 결과, 마음은 점점 병든다. 기분 나쁨을 억누른 채 웃고 있는 건 감정의 체온계를 얼음물에 담가놓고 "괜찮아요."라고 말하는 것과 같다. 겉으론 멀쩡하지만 속은 이미 저체온이다.

기분 나쁨은 싸움의 시작이 아니라 경계의 언어다. "그건 내 기준에선 불편해요." "그 말은 지금 나에겐 과해요." "그건 내 방식이 아니에요." 이런 문장은 감정의 전쟁 선언이 아니라 감정의 자가 방어다. 그런데 대부분의 사람은 이 말을 꺼내는 순간 죄책감을 느낀다. 마치 불쾌감을 표현하는 게 성숙하지 못한 행동이라도 되는 양. 아니, 그건 예민함이 아니라 감정의 생존 본능이다. 둔감한 게 성숙이 아니라 위험이다. 네가 기분 나쁜 걸 느낀다는 건 네 감정의 신호 시스템이 아직 작동하고 있다는 뜻이다.

스피치 전문가의 관점에서 보자면 기분 나쁨은 대화의 핵심 지표다. 사람 사이의 언어는 교감의 도로인데 기분 나쁨은 그 도로에 놓인 '속도 제한 표지판'이다. 그런데 네가 늘 "괜찮아요."라고 말하는 순간 그 표지판은 뽑혀나간다. 상대는 더 빨리, 더 세게, 더 자주 네 선을 넘어온다. 결국 네 감정의 도로는 교통사고로 뒤덮이고, 너는 파손된 채 방치된다. 감정의 신호를 꺼버린 사람은 결국 자기 마음의 블랙박스를 잃는다.

기분 나쁜 순간이 찾아오면 부끄러워하지 말고 질문하

라. "왜 이게 나한테 불쾌하지?" "내 안의 어떤 기준이 건드려졌지?" 그 질문 하나로 감정은 폭발에서 통찰로 바뀐다. 화를 억누르는 게 능숙함이 아니라 화의 원인을 해석하는 게 지성이다. 감정은 부정할 게 아니라 번역해야 한다. "기분 나쁘다." 대신 "지금 그 말이 나에겐 무겁게 들리네요." "예민하다고요? 네, 저는 감정에 민감한 사람입니다. 그게 제 감각이 살아 있다는 증거예요." 이렇게 말하라. 감정을 표현하는 건 무례가 아니라 자기 존중의 기술이다.

감정을 숨기면 관계가 썩는다. 네가 불편한 순간마다 웃음으로 덮으면 사람들은 네 기준을 모른다. 기준이 없는 관계는 상대의 편의대로 굴러가고 결국 너는 소모품이 된다. 남이 보기엔 착하고 배려 깊지만 실상은 경계가 무너진 사람이다. 그때부터 네 분노는 안으로 폭발한다. 겉으론 멀쩡한데, 속은 타버린 재다. 네 몸이 이상하게 피곤하고 자꾸만 짜증이 나는 이유가 바로 그것이다. 감정이 묵살당하고 있다는 신호다.

이제는 감정을 숨기지 말고 사용하라. 감정은 적이 아니라 나침반이다. 기분이 나쁜 순간은 네 마음이 "여긴 아니야.”라고 알려주는 경계선의 표식이다. 그 신호를 무시하면 감정은 썩고, 그 신호를 해석하면 관계는 자란다. 기준이 있는 사람은 불편하지만 결국 존중받고, 기준이 없는 사람은 편하지만 결국 무시당한다.

그러니 이제 이렇게 말해라.

“그건 제 온도에서는 좀 차갑네요.”

“그 말은 제 기준에서 경고음이에요.”

“여기까지만 와요. 그 이상은 제 평온 구역이에요.”

이건 까칠한 말이 아니라 감정의 건강보험이다. 기분 나쁨을 숨기면 병이 되고, 기분 나쁨을 인정하면 힘이 된다.

감정은 너를 약하게 만드는 게 아니라 네 인생의 매뉴얼을 알려주는 언어다. 그걸 무시하면 길을 잃고, 그걸 해석하면 길이 보인다. 기분 나쁜 건 예민함이 아니라 자존감의 알람이다. 그 알람을 꺼버리지 마라. 그것이 울릴 때마다 네 마음은 여전히 살아 있다는 증거다.

결국 기분 나쁨은 공격이 아니다. 그것은 네 영혼이 “지금, 나 좀 지켜줘.”라고 말하는 가장 정직한 신호다.

화를 내야 할 땐 내라
그래야 내 감정이 살아있다

우리는 태어날 때부터 이상한 교육을 받았다. 화를 내면 지는 거라 하고, 목소리가 커지면 미성숙한 거라 하고, 참는 자에게 복이 있다고 한다. 어릴 때는 그 말을 깊게 생각할 겨를도 없었다. 그냥 '그런가 보다' 하고 믿었다. 문제는 그 말들을 그대로 품고 어른이 되었다는 것이다. 그래서 화가 머리끝까지 차올라도 꾹 누르고, 억울해서 속이 찢어질 것 같아도 "괜찮습니다."라며 헛웃음을 지었다. 감정을 드러내면 나쁜 사람 될까 봐, 유난스럽다는 소리 들을까 봐 겁이 났기 때문이다.

하지만 진실은 심플하다. 그건 성숙이 아니라, 내 감정의 숨통을 내 손으로 끊어버리는 자해다. 참는 건 미덕이 아니라 홧병 나는 호구가 되는 가장 빠른 길이다.

화는 성격 파탄이 아니라 면역 반응이다. 누군가 당신의 경계선을 넘고 존엄을 훼손하면 당신의 안쪽에서는 비상벨이 울린다.

"지금 공격받고 있다. 대응해라."

이게 분노다. 인간의 자연스러운 방어 기제다. 그런데 당신은 그 비상벨이 울릴 때마다 전원을 꺼버린다.

"조용히 하자. 싸움 나면 골치 아파."

도둑이 들었는데 집주인이 웃고 있는 꼴이다. 그 결과는 너무나 뻔하다. 마음은 털리고 자존감은 박살난다.

억눌린 화는 뱃속에서 썩는다. 겉으로는 온화해 보이지만 속은 불덩이다. 그런데 이 불길이 바깥으로 나오지 못하면 방향을 틀어 나 자신을 태운다. 그래서 이유 없이 소화가 안 되고, 밤새 뒤척이고, 사소한 일에도 숨이 가쁘다. 병원에 가면 '특별한 이상은 없다'는 말만 듣고 돌아온다. 당연하다. 그건 병이 아니라 당신이 삼킨 감정의 독소가 온몸으로 퍼진 결과니까. 화를 참는 건 인내가 아니라 자기 파괴다.

그렇다고 아무 데서나 고함을 지르고 물건을 내던지라는 말은 아니다. 그건 분노가 아니라 떼쓰기다. 우리가 해야 하는 건 발광이 아니라 번역이다. 감정을 그대로 내던지는 대신 정제된 단어로 바꿔 전달하는 것, 그것이 진짜 어른의 분노다.

"야! 너 때문에 열받아 죽겠어!"는 감정 배설이다.

"나는 당신의 그 행동이 무례하다고 느꼈고, 그래서 지금 불쾌합니다."는 감정 통역이다.

차이는 단 하나다. 주어가 '너'인지 '나'인지. "네가 나쁘다."라고 말하면 싸움이 된다. "나는 상처받았다."고 하면 반박할 수 없다. 감정의 주인은 나니까.

심리학자들은 말한다. 정당한 분노를 사용하지 않는 사람은 결국 그 분노를 자기 자신에게 돌린다고.

"그때 왜 한마디도 못 했지?"

"나는 왜 이렇게 약하지?"

이 자기 비난이 곪아 자기혐오가 된다. 그리고 결국 영혼이 죽어버린다. 이는 당신의 의지가 약해서가 아니라 스스로 변호할 권리를 포기했기 때문이다.

화를 낸다는 건 단순히 성질을 부리는 일이 아니다. 훼손된 존엄을 다시 세우는 일이다. 시체는 화를 내지 않는다. 오직 살아 있는 생명만이 뜨거움을 느낀다. 당신이 지금 화가 난다는 건 아직 당신의 영혼이 시퍼렇게 살아 있다는 증거다. 그 불씨를 꺼뜨리지 마라. 불이 꺼지는 순간 평화는 오지 않는다. 대신 차갑고 무력한 침묵만 남는다.

그러니 인정해라. 당신은 화가 났다. 그리고 충분히 화낼 자격이 있다. 그 감정에 옷을 입혀 세상에 내보내라.

"나는 지금 당신에게 존중받지 못했다고 느낍니다. 사과하십시오."

이 한 문장으로 충분하다. 이것은 상대를 공격하는 불이 아니라 어둠 속 관계를 밝히는 등불이 된다. 화를 내야 할 때 내라. 그래야 당신의 감정이 살아남는다. 그래야 당신이 당신을 지킨다.

"괜찮아요."는
멘탈용 자살골이다

"괜찮아요."라는 네 글자를 살아남기 위한 매너이자 성숙함의 표지처럼 배우며 자랐다. 누군가 무례함이라는 칼을 휘둘러 내 마음을 쩍 하고 베었을 때도, 누군가 흙발로 내 내면의 거실까지 밟고 들어왔을 때도, 누군가 명백히 내 자존심에 흉터를 냈을 때조차 우리는 순식간에 그 말을 꺼낸다.

"아… 네, 괜찮아요."

그런데 그 말은 정말 괜찮아서가 아니다. 그 말의 실체를 들여다보면 이런 뜻이다.

“나는 상처로 숨이 막히지만 당신만큼은 편하게 지내세요.”

즉, 이것은 상대를 위한 배려가 아니라 내 감정을 고이 묶어 질식시키는 포장지에 불과하다. 이 말을 되풀이하는 순간 나는 나를 지키는 대신 상대에게 “내 영역은 당신 마음대로 훼손하십시오.”라고 허가를 내리는 셈이다.

습관적인 “괜찮아요.”는 정확히 멘탈용 자살골이다. 축구장에서 상대가 공격하지도 않았는데 내가 공을 빼앗아 우리 팀 골대로 달려가 혼자 슛을 꽂아 넣고는 아무렇지 않게 뛰어가는 모습과 똑같다. 상대는 공짜로 점수를 얻고 나는 땀까지 흘리고도 패배를 자초한다. 이런 자살골이 반복되면 마음의 근육이 파열되며, 어느 순간 어떤 모욕에도 “괜찮아요.”가 자동으로 튀어나오는 정서적 마비 상태가 찾아온다. 이것은 멘탈이 단단해진 게 아니라 신경이 죽어버린 상태, 즉 감정을 느끼지 못하는 살아있는 시체로 변하는 것이다. 전쟁터에서 감각을 잃은 병사가 어떻게 살아남겠는가. 당신은 지금 방탄복도, 방패도 없이 적진을 돌아다니고 있다.

더 끔찍한 건 이 말이 상대에게 주는 신호다. 관계 심리학에서는 이를 '자기 취소 습관'이라 부른다. 내 감정의 SOS를 내가 먼저 덮어버리는 행동이다. 당신의 "괜찮아요."는 위로가 아니라 무기한 면죄부다. 상대는 그 말 한마디로 자신이 저지른 무례함에서 즉시 해방되고, 그날 밤 평온하게 잠든다. 반면 당신은 상처받은 마음을 혼자 밤새 소화시키며 속을 썩인다. 그리고 이 "괜찮아요."는 결국 재범 허가증이 된다. 상대는 이렇게 판단한다. "이 정도는 괜찮아하네. 타격감 없네. 그럼 더 강하게 밀어도 되겠어." 당신이 배려로 던진 그 말이 당신을 더 하찮게 대해도 된다는 공식 사인이 되어 돌아온다.

그래서 이제 그 우스꽝스러운 연극을 멈춰야 한다. 타인의 편안함을 위해 자신의 고통을 감추는 엑스트라 같은 삶은 여기서 끝나야 한다. 누군가 선을 넘었을 때 당신의 입에서 나와야 할 말은 "괜찮아요."가 아니다. 당신의 존엄이 스스로를 지키기 위해 일어서며 하는 가장 인간적인 문장이어야 한다.

"아니요. 저 안 괜찮습니다."

"지금 그 말은 불쾌합니다."

"그렇게 말하시면 안 될 것 같습니다."

이 문장들은 결코 약함의 노출이 아니다. 오히려 오랫동안 눌려 있던 감정이 다시 호흡하며 살아나는 생명력의 회복이다. 이 문장들은 전쟁을 일으키는 것이 아니라 당신의 마음 영토를 되찾는 최소한의 방어선이다.

당신은 이제 자살골을 멈춰야 한다. 무의식적으로 튀어나오려는 "괜찮아요."를 입술을 깨물어서라도 막아라. 그리고 이렇게 정정하라.

"생각해 보니 저는 안 괜찮습니다. 그 행동에 대해 사과가 필요합니다."

이 짧은 문장은 당신의 삶을 뒤흔든다. 왜냐하면 당신이 비로소 자기 감정의 주인이 되는 첫 문장이기 때문이다. 당신이 '괜찮지 않다'고 정직하게 말하는 순간 그동안 기울어져 있던 관계의 운동장은 서서히 바로 세워진다. 상대는 처음으로 경계를 본다. 그리고 당신은 처음으로 자신을 지킨다.

"괜찮아요."는 당신을 구하지 않는다.

당신을 구하는 건 언제나 당신의 진짜 감정이다.

감정을 삼키면
마음이 썩는다

솔직히 인정해야 한다. 당신이 지금 겪는 문제는 성격이 약해서도, 멘탈이 나약해서도 아니다. 당신의 마음이 이미 내부에서 고장 나기 시작했기 때문이다. 사람의 마음도 하나의 정교한 장치다. 과부하가 걸리면 경고등이 켜지고, 부품이 파손되면 소리가 나고, 기름칠이 안 되면 마찰열이 올라간다. 그런데 당신은 경고등이 깜빡거릴 때마다 "괜찮아.", 볼트가 흔들릴 때마다 "별일 아니야.", 안쪽에서 금이 가는 소리가 들릴 때마다 "내가 예민한 거겠지."라며 테이프를 붙이고 덮어왔다. 그 결과가 지금의 당신이다. 겉은 멀쩡한데 내부는 이미 갈라지고 찢어진 상태.

감정을 삼키면 마음이 썩는 이유는 간단하다. "표현되지 않은 감정"은 사라지지 않고 시스템 내부에 파일처럼 누적되기 때문이다. 컴퓨터에 삭제하지 않은 쓰레기 파일이 수천 개 쌓이면 어떻게 되나? 느려진다. 오류가 난다. 버벅거린다. 그리고 어느 날 갑자기 블루스크린이 떠 버린다. 당신의 마음도 똑같다. 참은 말, 억눌린 분노, 삼켜버린 억울함은 '휴지통 비우기'를 하지 않은 채 계속 쌓인 임시 파일들이다. 수치는 보이지 않지만 용량은 이미 꽉 찼다. 평소에는 잘 돌아가는 것 같지만 작은 충격만 들어와도 모든 게 멈춘다. 그게 바로 당신의 이유 없는 멍함, 피로, 허무, 예민함, 그 알 수 없는 무기력이다. 성격이 문제가 아니라 용량이 초과된 것이다.

감정을 삼키는 사람들의 공통점이 있다. 문제를 해결하지 않는다. 그저 '정지 버튼'을 누른다. 갈등이 생기면 말하지 않고 멈추고, 불편한 말을 들으면 웃으며 끊고, 울고 싶은 순간에도 억누른다. 사람들이 오해하는 게 하나 있다. 멈추면 사라진다고 믿는다. 아니다. 감정은 멈추면 정지된 게 아니라 그대로 '보관'된다. 덮어놓은 채 쌓여 있을 뿐이다. 그래서 당신은 사소한 말에도 갑자기 균열이 생기고, 지극히 작은 일에도 이상할 만큼 휘청인다. 건물도 그렇다. 작은 균열일 때 보수하지 않으면 어느 날 전체가 무너진다. 사람의 마음도 같은 구조다. 방치하면 반드시 붕괴한다.

그리고 감정을 삼키면 또 하나의 문제가 생긴다. 내부 센서가 망가진다. 원래는 "불쾌하다.", "지금 선 넘었다.", "이건 아니다."라는 시그널이 즉각 떠야 한다. 그런데 당신은 그 신호가 뜰 때마다 무시하고 덮고 또 덮었다. 그 결과, 경계 감지 시스템이 오작동한다. 불쾌해도 불쾌한 줄 모르고 억울해도 억울한 줄 모르는 이상한 무감각이 생긴다. 이건 성숙함이 아니라 마음의 신경선이 타버린 상태다. 차가 브레이크가 고장나면 위험하듯 감정의 브레이크도 고장 나면 사람이 자기 자신을 보호할 수 없게 된다. 지금 당신이 반복해서 당하고도 아무 말 못 하는 이유는 착해서가 아니라 센서 자체가 파괴됐기 때문이다.

감정을 삼키면 마지막에 어떤 일이 벌어지는지 아는가? 내부에서 압력이 차오르고 결국 엉뚱한 곳이 폭발한다. 직장에서 참은 화가 집에서 터지고, 연인에게 쌓인 서러움이 부모에게 가고, 타인이 준 상처가 결국 나 자신을 향한다. 이것이 바로 급격한 우울, 알 수 없는 분노, 갑작스러운 자기혐오로 나타난다. 감정은 에너지다. 어디로든 흘러야 한다. 흘러가지 못하면 누군가를, 혹은 나를 향해 폭발할 뿐이다. 삼킨 감정은 사라지지 않는다. 방향만 바뀔 뿐이다. 대부분 그 방향은 나 자신이다.

그러니 솔직해져라. 당신은 착해서 아픈 게 아니다. 표현하지 않아서 고장 난 것이다.

대체 어디까지 버틸 생각인가?

어디까지 입을 닫을 건가?

어디까지 "괜찮아요."라는 자동응답기로 살 작정인가?

감정을 삼키면 마음이 썩고, 시스템이 고장 나고, 센서가 망가지고, 결국 당신이라는 전체 구조가 균열로 가득해진다.

그 어떤 인간관계도, 그 어떤 직장도, 그 어떤 사랑도 망가진 심리 시스템 위에서는 버틸 수 없다.

당신에게 필요한 건 거창한 치유가 아니다. 단 하나다.

입을 여는 것.

말로 배출하는 것.

감정을 외부로 '내보내는' 기능을 다시 켜는 것.

당신이 해야 할 일은 "참는 법."이 아니라 "흘려보내는 법."이다. 그게 썩어가는 마음을 살리는 유일한 정비다.

감정을 삼키는 순간, 당신은 고장이 시작되고 있다.

말하는 순간, 고장이 멈춘다.

이 간단한 진리를 이제야 깨달았다면, 늦지 않았다.

지금부터 다시 흐르게 하면 된다.

분노를 문장으로 번역하는 기술

화를 낼 줄 아는 사람은 이 세상에 넘쳐난다. 하지만 화라는 에너지를 '표현'할 줄 아는 사람은 드물다. 당신의 주변을 보라. 대부분의 사람은 감정을 끓는 물처럼 터뜨려 관계를 녹여버리거나 아예 영하의 얼음처럼 눌러버려 스스로 마비시키는 극단적인 행동만을 반복한다. 그 치명적인 두 극단 사이 당신의 삶을 구원할 황금 지대가 존재한다. 그것이 바로 분노라는 원초적인 감정을 문장이라는 정교한 언어로 번역하는 기술이다.

당신이 감정을 언어라는 논리적인 옷으로 갈아입히면

감정은 더 이상 언제 터질지 모르는 시한폭탄이 아니다. 그것은 당신의 상황을 진단할 수 있는 냉철하고 처리 가능한 데이터가 된다. 당신의 뇌는 '말로 명확히 표현된 감정'을 해결 가능한 문제 정보로 인식하여 정리하기 시작한다. 하지만 말로 나오지 못하고 갇힌 감정은 여전히 미해결 상태의 잔류 에너지로 남아 당신의 삶과 집중력을 끊임없이 갉아먹는다. 당신의 정신은 이 미해결 과제 때문에 늘 배터리가 절반 이하로 떨어진 휴대폰처럼 무기력하게 방전되어 있다.

이 기술의 핵심은 화법적 주도권을 확보하는 데 있다. 감정을 번역하는 첫 문장은 당신의 초점을 타인의 행동에서 자기의 내면으로 돌리는 강력한 렌즈와 같다.

나는 지금 [상대방의 행동이나 말] 때문에 [나의 감정 상태]를 느낀다.

이 '나-전달법' 구조를 당신의 뇌에 강력하게 주입하고 익혀야 한다. 누가, 왜, 무엇이 잘못되었는가를 따지며 상대를 범인으로 모는 대신 '나는 이 상황에서 어떤 심리적 경험을 하고 있는가'에 오직 초점을 맞춰라. 감정을 '너의 비난받을 잘못'이라는 사건이 아니라 '나의 보호받아야 할 심리적 경험’으로 규정하여 말하는 순간, 상대는 당신에게 공격받았다고 느끼지 않고 당신은 침묵의 희생자가 되지 않는다.

이 번역 기술의 효과는 극명하다. 예를 들어보자. 당신을 무시하는 듯한 말투에 격분하여 감정적으로 “너 왜 그렇게 말해? 매너가 없어.”라고 외치는 것은 단순한 감정의 폭발이다.

하지만 당신의 문장을 이렇게 바꿔야 한다.

“당신의 그 말씀을 듣는 순간 나는 이 대화에서 나의 의견이 평가절하당한다는 불쾌하고 강한 느낌을 받았다.”

이 문장은 당장의 싸움을 멈추고 관계의 문제점을 정확하게 진단하는 고성능 청진기가 된다. 화의 방향이 상대가 아닌 나 자신의 기준을 향할 때 감정은 단순한 폭발이 아니라 타인을 통제하는 명확한 경계선이 된다.

감정의 문장은 설명이 길수록 변명처럼 들리고, 짧을수록 권위가 생긴다. 마치 최후 통첩처럼 정확하고 간결해야 한다.

- 그 말은 나의 존중 기준에 맞지 않아 불편하다.

- 지금은 당신의 이 문제를 듣고 있을 심리적 여력이 나에게는 전혀 없다.
- 이 문제를 논하기 전에 나는 내 입장을 정리할 명확한 시간이 필요하다.

이 세 문장은 당신의 감정직 거리를 확보하는 가장 튼튼한 방탄복이다. 이 문장들을 당신이 당당하고 차분하게 꺼내는 순간 당신의 관계 구조는 수평적으로 재편된다. 상대는 당신을 '함부로 대해도 되는 사람' 목록에서 영구적으로 삭제할 수밖에 없다.

분노라는 에너지는 당신을 집어삼킬 통제 불능의 화재가 아니다. 그것은 당신의 삶을 움직이게 할 가장 강력하고 청정한 말의 연료다. 그 연료를 언어라는 불꽃을 통해 깨끗하게 태워내는 사람은 자신의 삶을 스스로 데우고 따뜻하게 만드는 현명하고 독립적인 건축가이다. 감정을 문장으로 번역하는 순간 당신은 더 이상 타인의 반응에 종속된 감정의 희생자가 아니다. 당신은 자신의 감정을 통제하고 해석하는 지적인 지휘자가 된다.

감정은 당신이 평생 참고 견뎌야 할 묵직한 짐이 아니

다. 그것은 번역해야만 당신의 삶과 존엄을 지키는 가장 중요한 언어이다. 그것이 당신의 마음이라는 성을 지키는 가장 성숙하고 지적인 방식이다. 이제 화를 정직하게 해석하고 단호하게 번역하여 세상에 내놓아야 한다.

타인에 대한 소문도 입에 담지 말 것. 그 사람은 이렇다 저렇다
하는 생각도 애당초 하지 말 것. 그 같은 상상이나 사고를 가급
적 하지 말 것.

니체

제3장

단호함은 싸움이 아니라
생존이다

"선을 안 긋는 사람은

결국 선을 넘는 사람에게 당한다."

'싫다'고 말할 줄 모르는 사람은 결국 이용당한다

관계는 언제나 냉혹한 힘의 균형 위에 위태롭게 서 있다. 당신이 '싫다'고 말할 줄 아는 사람은 자신의 시간, 에너지, 감정이라는 자원을 지키는 데 성공하지만 그 말을 입 밖에 내지 못하는 사람은 타인의 끝없는 욕구를 마치 자신에게 주어진 숙명처럼 대신 짊어진다.

이것은 고결한 도덕의 문제가 아니다. 이것은 당신을 이용해도 괜찮다고 허락하는 관계의 구조적 문제이다. 인간의 뇌는 반복되는 반응을 '패턴'으로 인식하고 이를 가장 효율적인 경로로 학습한다.

상대가 당신에게 한 번 부탁했을 때 당신이 미소를 띠며 거절하지 않으면 그의 뇌는 무의식적으로 '이 사람은 거절 기능이 고장 난 편리한 도구다'라고 저장한다. 이후 그 사람은 당신의 소중한 시간, 맑은 감정, 한정된 자원 위에 아무런 죄책감 없이 자신의 편의를 마치 짐처럼 얹는다. 그들은 이 행위를 당신에 대한 악의나 나쁜 행동으로 인식하지도 않는다. 그저 '가장 효율적이고 쉬운 해결책'이라는 관성으로 당신을 이용할 뿐이다. 당신은 그들의 삶을 위한 24시간 작동하는 가장 편리한 엘리베이터가 되는 셈이다. 그러므로 "싫다."는 말은 단순한 감정의 토로가 아니다. 그것은 당신이 관계의 질서를 새로 쓰는 강력한 선언이다.

"여기까지는 내가 당신과 공유할 수 있는 최소한의 영역이지만, 이 이상은 나의 사적인 영토이니 침범을 즉시 멈춰라."

이 문장은 단호하지만 동시에 합리적이다. 그것은 분노가 아니라 자기보존의 언어다.

당신이 이 문장을 말로써 선언하지 못하면 당신의 삶의 영역은 상대의 무례한 침범에 의해 지도에서 계속 줄

어드는 영토처럼 축소된다. 당신의 하루는 타인의 욕망에 의해 점점 잠식되고, 결국 당신은 '좋은 사람'이라는 이름의 감정 노예로 남게 된다. 사람들은 그런 희생을 '착함'이라고 부르지만, 심리학은 그것을 '자기방어 실패'라고 부른다.

스피치 전문가의 입장에서 '싫다'는 말은 인간관계에서 가장 정제된 기술이다. 효과적인 거절에는 구조가 있다. 거절을 감정적인 폭발로 보이게 하는 사람은 결국 싸움만 남기고, 거절을 지적인 통제력으로 말하는 사람은 관계를 정리하면서도 품격을 남긴다.

첫째, 감정이 아닌 객관적 기준으로 거절하라.

"너 때문에 기분 상했어."라고 말하면 감정의 영역에 머문다. 하지만 "그 말은 내 기준선에서 불편하게 느껴진다."라고 말하면 그것은 규정이다. 감정은 상대의 반발을 부르지만 기준은 상대의 인정을 부른다. 감정은 일시적이지만 기준은 구조를 바꾼다. 거절의 본질은 감정이 아니라 '경계의 명시'다.

둘째, 단호한 거절 뒤에 대체안을 주지 마라.

"이번엔 제가 힘들어요."라는 문장은 완결이다. 그러나

"다음번엔 해볼게요." "다른 방법을 찾아볼까요?"를 덧붙이는 순간 당신의 거절은 완결이 아닌 '미결'이 된다. 상대는 그 틈을 '협상의 여지'로 해석하고 다시 문을 두드린다. 인간의 뇌는 미완의 문장을 닫기 위해 집요하게 반복하려는 특성이 있다. 그러니 문장을 완결시켜라. "지금은 어렵습니다." 여기서 끝내라. 거절은 타인에게 기회를 주는 자비가 아니라 나 자신에게 허락하는 휴식이다.

셋째, 미안함이라는 죄책감을 거절에 섞지 마라.

"죄송하지만"이라는 말은 당신의 단호함을 무너뜨리는 첫 번째 균열이다. 거절은 부도덕한 행위가 아니다. 그것은 '내 영역의 정리'다. 미안함은 도덕적 우위로 가장한 두려움이다. 당신이 "미안해요."라고 덧붙이는 순간 당신의 거절은 정당한 요구가 아니라 '실례'가 된다. 상대는 당신이 이미 죄책감을 느낀다는 걸 감지하고 그 틈으로 다시 들어온다. 죄책감은 관계에서 가장 치명적인 협상의 약점이다. 거절은 싸움이 아니다. 거절은 사용 설명서다. 당신이 '싫다'고 말하는 것은 상대에게 "이 관계를 지속하기 위해서는 이런 규칙이 필요하다."라고 알려주는 것이다. 설명서를 생략한 관계는 늘 오작동한다. 오작동한 관계는 처음엔 조용히, 나중엔 폭발적으로 망가진다.

거절을 말하지 못한 사람은 결국 관계의 피해자가 아니라 공범이 된다. 당신의 침묵은 곧 "나를 마음대로 사용해도 좋다."는 묵시적 계약서에 사인하는 것이다. 그 계약은 당신이 서명한 순간부터 당신을 착취의 구조 안에 가둔다.

그러니 '싫다'는 문장은 당신의 해방선언문이다. 그 한 문장이 당신을 이용의 구조에서 끌어내고, 존중의 구조로 옮겨놓는다. 기억하라. 당신은 누군가의 요구를 들어주기 위해 태어난 사람이 아니다. 당신은 누군가의 감정을 대신 짊어지기 위해 존재하지 않는다. 당신의 인생은 협상의 여지가 있는 자원이 아니라 보호받아야 할 한 사람의 세계다.

"싫다."

이 짧은 두 글자는 당신의 삶을 되찾는 가장 긴 문장이다.

3-2

당신이 알고 있는 착한 사람은 대부분 사랑받지 않는다. 그들은 이용당한다. 예의 바르고, 웃으며, 상대의 기분을 맞춰주는 그 모습이 처음엔 참 괜찮아 보이지만, 곧 그들의 인생은 "좋은 사람 세탁소."로 변한다. 누군가의 감정 찌꺼기, 부탁의 잔재, 미안하다는 말 한마디로 던져진 잔 심부름까지 모두 세탁해서 돌려준다.

"괜찮아요."

"제가 할게요."

"이 정도야 뭐."

그렇게 웃는 사이에 당신의 감정은 탈색되고, 인생은 마모된다.

심리학에서는 이런 사람을 타인 중심형이라 부른다. 듣기엔 참 고상한데 사실 이건 '자기부재형 인간'이다. 관계의 평화를 위해 자신의 욕구를 자동으로 삭제하는 프로그래밍이 되어 있다. 착함이 아니라 자기검열의 중독이다. 표면적인 평화를 위해 자신을 없애는 행동, 그것이 바로 관계를 썩히는 독이다.

당신이 경계선을 긋지 못하는 순간 상대는 당신의 착함을 '무제한 데이터 요금제'로 인식한다. 쓰고 또 써도 끊기지 않는다. 그들에게 당신은 사람이라기보다 '감정의 무한 리필 바'다. 언제든 와서 눈물 쏟고, 하소연하고, 부탁 던지고, 죄책감 없이 떠난다. 왜냐고? 당신이 허락했으니까.

'좋은 사람 콤플렉스'의 핵심은 자기기만이다. 당신은 이렇게 속삭인다. "나는 좋은 사람이니까 누가 나를 미워하겠어." 하지만 세상은 그렇게 돌아가지 않는다. 사람들은 착한 사람을 존경하지 않는다. 단호한 사람을 존중한다. 왜냐하면, 인간의 뇌는 '명확함'을 안전 신호로 인식하기 때문이다.

선을 긋는 사람은 예측 가능하다.

"이건 안 돼."

"여긴 내 선이야."

이런 사람이 옆에 있으면 불편하지만 이상하게 안심이 된다. 반면에 늘 웃으며 "괜찮아요." "다 이해해요." 하는 사람 옆에선 긴장된다. 저 사람, 언제 터질지 모르니까. 당신의 애매함은 상대의 불안을 키운다. 결국 그 불안은 당신을 무시로 바꾼다. 사람들은 착한 사람을 신뢰하지 않는다. 이유는 간단하다. 자기 감정을 숨기는 사람은 언젠가 폭발한다는 걸 모두 알고 있기 때문이다.

그래서 착한 척은 기술이 아니라 습관성 자기 파괴다. 그건 도덕이 아니라 공포의 다른 이름이다. 당신이 두려워하는 건 상대가 미워할까 봐서가 아니라 나 없이도 세상이 잘 돌아갈까 봐서다. 웃긴 건, 세상은 당신이 없어도 잘 돌아간다. 당신이 없으면 불편한 건 그들이 아니라 당신 자신이다. 왜냐하면 당신은 '착함'이라는 역할을 해야만 존재할 수 있다고 믿기 때문이다.

하지만 기억해라. 착함이 관계를 유지하는 게 아니다.

경계가 관계를 지킨다. 당신의 단호함은 관계를 깨는 게 아니라 구조를 바로 세우는 것이다. 진짜 평화는 모두가 예의 없이 웃는 상태가 아니라 각자 지킬 선이 명확한 상태다. 선이 있어야 존중이 생기고, 존중이 있어야 지속이 생긴다.

당신이 히는 긴 헌신이 아니라 헌납이다. 그 차이는 주도권이다. 헌신은 내가 선택한 나눔이지만, 헌납은 빼앗긴 에너지다. 당신이 아무리 마음을 써도, 상대는 고마워하지 않는다. 이미 그건 '기본 옵션'이 되었기 때문이다. 사람은 한 번 받은 호의를 권리로 착각하는 존재다. 당신이 한 걸음 물러나면 그들은 한 걸음 들어온다. 그리고 당신이 더 물러나면 그들은 의자까지 빼앗아 앉는다.

이제 착함이라는 환상을 벗어라. 누군가의 마음에 들기 위해 자신을 희생하는 건 사랑이 아니라 거래다. 당신의 착함은 그들의 이익과 맞바뀐 값싼 계약이다. 이제 그 계약을 파기할 시간이다. 경계선을 세우는 건 싸움이 아니라 선언이다.

"나는 네가 아닌 나의 편이 될 거야."

착한 사람은 결국 지쳐서 조용히 사라진다. 단호한 사

람은 불편하지만 오래간다. 당신이 진짜 착하고 싶다면, 먼저 자기를 착하게 대해야 한다. 착함이란 나를 지켜야 타인에게 줄 수 있는 것이다. 경계선 없는 착함은 미덕이 아니다. 그것은 자기소멸의 매뉴얼이다.

명심해라. 당신의 인생은 누구의 편의를 위한 공동 소유물이 아니다. 이제 착한 사람 흉내를 멈추고 똑똑한 인간으로 살아라. 사람들은 '좋은 사람'을 이용하지만 '단호한 사람'을 잊지 못한다.

3-3

> # "그건 네 기준이지,
> # 난 다르다."

이 한 문장은 심리적 독립선언이다. 누군가의 눈치 속에서 평생 '좋은 사람'으로 살아오던 당신이 처음으로 자신의 땅에 국경선을 긋는 행위다. 우리는 태어나는 순간부터 누군가의 기준에 식민지처럼 살아왔다.

"딸이면 이래야지."

"직원이면 참아야지."

"선생이면 점잖아야지."

이런 말들이 당신의 감정 위에 깃발처럼 꽂혀 있었다. 세상은 늘 당신에게 물었다.

“너, 기준이 왜 달라?”

하지만 그건 질문이 아니라 통제였다.

인간은 본능적으로 타인을 자신의 틀 안에 넣고 싶어 한다. 이것을 심리학에서는 ‘인지적 일관성 욕구’라고 부른다. 내 생각이 틀렸다는 걸 인정하기보다 상대를 교정해서 내 틀 안에 넣는 게 훨씬 편하기 때문이다. 그래서 당신이 다르게 말하면 그들은 이렇게 반응한다.

“너 너무 예민하다.”

“그건 네가 오버하는 거야.”

“다른 사람은 다 괜찮다는데 왜 너만 그래?”

이건 논리적 대화가 아니라 심리적 압박이다. 그들은 자신이 익숙한 기준의 세상을 유지하고 싶어 한다. 그들의 불안을 덜기 위해 당신을 교정하려 드는 것이다. 바로 그때, 필요한 문장이 있다.

“그건 네 기준이지, 난 다르다.”

이건 싸움의 언어가 아니다. 균형을 되찾는 명령이다. 관계의 저울이 한쪽으로 쏠릴 때 이 문장은 정확히 중앙으로 되돌린다. 단호하지만 폭력적이지 않고, 냉정하지만 무례하지 않다. 상대의 심리적 우위를 무너뜨리는 데엔 설명보다 이 한 문장이 훨씬 강력하다. 왜냐하면 이 문장은 '논쟁'을 끝내고 '권력'을 회수하기 때문이다.

이 문장은 '단절형 선언문'이다. 단절형 선언문은 논리의 끝을 찍는 말이다. 즉, 더 이상 논쟁을 이어갈 가치가 없음을 선언함으로써 대화의 흐름을 종료시키고 주도권을 되찾는다.

"그건 네 기준이지, 난 다르다."

이 문장은 변명이 아니라 구조를 바꾸는 언어다. 대화의 주체가 '당신'에서 '나'로 이동하는 순간 관계의 권력 지도도 바뀐다.

예를 들어보자. 누군가 "요즘은 애가 셋이면 좀 조용히 살아야지, SNS 같은 건 너무 노출 아니야?"라고 말할 때 예전의 당신은 "아, 네… 요즘 좀 줄이려구요."라며 미소로 수습했을 것이다. 하지만 그 미소는 순응의 표시였다. 이제는 다르게 말해야 한다.

"그건 네 기준이지, 난 내 리듬이 있어."

이 말이 가지는 힘은 '내가 내 삶의 기준을 세우고 있다는 자각'이다. 상대는 순간 멈칫한다. 이 사람은 조언을 들을 준비가 된 사람이 아니라 이미 방향을 정한 사람이라는 걸 깨닫는다.

또 다른 예시. 직장에서 상사가 "나는 말이야. 주말에도 회사 생각이 머리에 있어야 진짜 열정이지."라고 말한다면 당신은 이제 이렇게 말해야 한다.

"그건 팀장님 기준이죠. 저는 쉬어야 잘 돌아가요."

이 한 문장은 위험해 보이지만 사실은 건강하다. 일과 삶의 경계를 명확히 말하는 사람을 조직은 처음엔 불편해하지만 결국 신뢰하게 된다. 왜냐하면 기준이 명확한 사람은 감정이 불안정하지 않기 때문이다.

심리학적으로 기준을 세운 사람은 '자기 일관성(Self-Consistency)'이 높다. 자기 일관성이 높은 사람은 타인의 평가에 덜 흔들리고, 감정 기복이 적으며, 타인에게도 안정감을 준다. 반대로 타인의 기준에 맞춰 사는 사람은 '정체감 불안'이 심하고 인간관계 피로도가 높다. 결국 기준이 없는 사람이 관계에서 더 많은 문제를 일으킨다.

스피치의 기술로 보면 이 문장은 논쟁을 '정리하는 문장'이다. 대화가 불필요하게 길어지는 이유는 경계가 없기 때문이다. 상대의 말에 끌려다니는 사람은 대화를 마무리하지 못한다. 하지만 "그건 네 기준이지, 난 다르다."는 말은 대화의 종점을 선언한다. 말로 선을 긋는 기술이다.

여기서 중요한 건 억양이다. 이 문장은 감정적으로 던지면 싸움이 되고 담백하게 던지면 권위가 된다. 억양의 끝을 올리지 말고 내리면 된다.

"그건 네 기준이지, 난 다르다."

짧고 명료하게, 감정이 아니라 리듬으로 말하라. 리듬은 설득의 물리다. 단호함은 목소리의 크기보다 속도의 균형에서 나온다.

유머로 풀자면 이렇다. 누가 "요즘 왜 이렇게 말이 세졌냐?" 하면 이렇게 받아쳐라.

"아냐. 예전엔 너무 약했어. 이제 정상 수치야."

혹은 "너는 왜 그렇게 네 위주로만 생각해?"라고 하면 "그럼, 남 위주로 살면 남이 대신 세금도 내줘?"라고 웃으며 받아라. 웃으면서 기준을 지키는 게 가장 세련된 단호함이다.

기준은 성격이 아니라 생존이다. 당신의 기준을 인정받는 순간 관계의 판도는 바뀐다. 사람들은 당신을 '불편한 사람'으로 잠시 분류하겠지만, 오래 두고 보면 '명확한 사람'으로 기억한다. 명확한 사람만이 신뢰받는다.

결국 이 한 문장은 관계의 필터다. 불편해하는 사람은 떠나고 존중하는 사람은 남는다. 세상이 내 기준에 다 맞을 수는 없지만 적어도 나는 내 기준에 맞게 살아야 한다.

"그건 네 기준이지, 난 다르다."

이 한 문장은 타인의 삶에서 조연으로 살아오던 당신이 자기 인생의 주연으로 복귀하는 대사다. 당신의 말은 선언이다. 당신의 기준은 존재의 증거다. 이제 말하라.

"그건 네 기준이지, 난 다르다."

이 한 문장으로 세상은 비로소 당신 중심으로 돌아가기 시작한다.

말로 선 긋지 않으면
결국 행동으로 터진다

감정은 물리 법칙을 따른다. 누르면 반드시 반작용이 생긴다. 아무리 착하게 눌러도, 아무리 웃으며 넘겨도, 감정은 사라지지 않는다. 그것은 단지 '지연된 폭발'의 형태로 저장될 뿐이다. 당신이 피곤하다고 느끼는 대부분의 관계는 사실, 이 억눌린 감정이 몸속 어딘가에서 터지려는 신호다. 갑작스러운 무기력, 대화가 귀찮아지는 순간 설명 없이 거리를 두는 행동이다. 그 말 못 한 감정의 후폭풍이다.

심리학에서는 이것을 '수동적 공격성(Passive Aggression)’이라 부른다. 말로 표현하지 못한 분노가 행동으로 새어 나오는 것이다. “괜찮아요.” 하면서도 눈빛은 이미 식어 있고, “별일 아니에요.”라며 톡을 읽고도 답하지 않는다. 당신의 무의식이 대신 복수하는 것이다. 입은 웃지만 마음은 싸움을 준비한다. 이런 상태가 길어지면 관계는 결국 ‘말하지 않아도 다 알겠지’라는 오만한 착각 속에서 부패한다. 그리고 어느 날 사소한 한 마디에 폭발한다. 그건 ‘그 한 마디’ 때문이 아니라 그동안 눌러둔 모든 말의 총합이 터진 것이다.

그래서 단호함은 공격이 아니라 예방이다. 단호하게 말하는 사람은 감정을 ‘실시간으로 배출하는 사람’이다. 감정의 통풍이 되는 사람은 절대 곪지 않는다. 문제는, 대부분의 사람들은 “좋게 보이고 싶어서.” “관계를 망치고 싶지 않아서.” 감정을 미루다가 결국 관계를 완전히 망친다. 당신이 진짜 지켜야 할 건 ‘평화’가 아니라 ‘균형’이다.

단호한 스피치의 핵심은 ‘초기 통보’다. 불편함은 초기에만 부드럽게 말할 수 있다. 그 시기를 놓치면 나중엔 ‘폭탄 해명’으로 돌아온다. 감정은 미리 가볍게 풀어야 한다. 마치 막힌 수도관을 조금씩 열어 공기를 빼내듯 감정도 제때 흘려보내야 한다.

다음의 문장들이 당신을 도와줄 것이다.

"그 방식은 이해하지만 나는 다른 접근을 택하고 싶어요."

"그 말의 의도는 알겠지만 지금은 조금 다르게 받아들여지네요."

"지금은 그 부분에 동의하기 어려워요. 나중에 다시 이야기해 볼까요?"

"그건 제 리듬과는 조금 다르네요."

"그렇게까지는 제가 감당하기 어려운 부분이에요."

"그건 내 가치관과는 방향이 조금 달라요."

이 문장들은 부드럽지만 강하다. 싸움이 아니라 '정중한 문 닫기'다. 단호함의 품격은 '감정 없는 단어'에서 나온다. 당신이 목소리를 높이는 대신 어조를 낮추면 상대는 본능적으로 멈춘다. 감정의 힘보다 언어의 밀도가 세다.

말로 선을 긋지 않으면 몸이 대신 선을 긋는다. 위장은 조이고, 어깨는 굳고, 밤엔 잠이 도망친다. 말하지 못한 감정은 몸의 언어로 바뀐다. 입을 다문 대신 몸이 아픈 것이다. 심리학자들은 말한다.

"표현되지 않은 감정은 결국 신체 증상으로 돌아온다."

당신이 해야 할 말은 마음의 소화 과정이다. 삼킨 말은 결국 체한다.

사람들은 말로 싸우는 걸 피하려 하지만 진짜 싸움은 '말하지 않는 상태'에서 시작된다. 침묵은 평화가 아니라 오해의 밑거름이다. 말하지 않으면 상대는 당신이 괜찮다고 착각한다. 그 착각이 쌓이면 관계는 일방적으로 기울고, 결국 부서진다. 그러니 미리 말하라.

"그건 나에겐 조금 다르게 느껴집니다."

"나는 그렇게까지는 생각하지 않아요."

"그건 내 방식과는 다릅니다."

이런 말들이 당신의 마음에 환기구를 낸다.

결국, 말로 선을 긋는 일은 예의의 다른 형태다. 무례하지 않게, 그러나 정확하게 나를 보호하는 방법이다. 불편한 말을 피한 대가는 항상 더 큰 불편함으로 돌아온다. 단호하게 말하는 것은 관계를 끊는 게 아니라 관계의 모양을 다시 잡는 일이다.

이제 당신이 말해야 할 차례다.

"나의 침묵을 나의 동의로 착각하지 마라."

그 한 문장이 당신의 몸과 마음을 살릴 가장 현실적이고 품격 있는 치료다.

불편한 말이
관계를 살린다

사람들은 대체로 '좋은 분위기'를 관계의 평화로 착각한다. 하지만 진짜 평화는 '말이 통하는 관계'에서만 온다. 당신이 지금 느끼는 그 따뜻한 공기, 사실은 무겁게 가라앉은 정적일 수도 있다. 대화가 멈춘 관계는 산소가 끊긴 수족관 같다. 겉보기엔 고요하지만 안쪽에서는 물고기가 하나둘씩 떠오르고 있다. 말이 없는 평화는 '숨 막히는 평화'다.

불편한 말을 피하는 사람은 겉으론 참 고상하다.

"괜히 분위기 망치기 싫어서요."

하지만 그 말의 번역본은 이렇다.

"나는 지금 내 불안을 관리 중이야."

이건 배려가 아니라 자기 보호다. 상대를 위하는 척하면서 사실은 내 감정의 폭풍을 피하고 싶은 이기적인 선택이다. 진짜 배려는 상대를 존중하면서도 불편한 진실을 말하는 거다. 듣기 좋은 말만 주고받는 관계는 영양가 없는 마시멜로처럼 달지만 금방 썩는다.

관계 심리학은 말한다. 솔직한 대화는 관계의 체온을 유지하는 난로다. 말이 오가지 않는 관계는 냉동 창고처럼 된다. 불편한 말은 주사 같다. 찌릿하지만, 그 한 번이 관계를 병들지 않게 만든다. 당신이 주사 바늘을 피할수록 관계는 독소가 쌓여간다. 그 독은 "괜찮아요." "나도 별 생각 없어." "다음엔 조심해."라는 위선의 언어로 포장돼 천천히 관계를 썩게 만든다.

그렇다면 어떻게 말해야 할까. 불편한 대화를 잘하는 사람은 싸움을 피하지 않는다. 대신, 싸움을 '재미있게' 만든다. 유머를 섞어 진심을 던진다. 이런 식이다.

"나 기분 나쁜 거 아닌데, 네 말 들으니까 몸에서 세금이 빠져나가는 기분이야."

"그건 네 말이 아니라 네 감정이 말한 것 같네. 감정은 존중하지만 논리는 좀 수리해야겠다."

"그거 너한텐 가벼운 농담일 수 있는데 내 입장에선 무게추 달린 풍선이야."

"그렇게 말하면 네 속은 시원하겠지만 내 귀는 지금 과열 중이야."

이건 비꼼이 아니다. 돌려 말하기의 고급 버전이다. 유머는 공격의 날을 무디게 만들고 진심은 정확히 박힌다. 듣는 사람도 웃으며 멈춘다. 유쾌하지만 명확한 경계 설정─ 그것이 성숙한 스피치의 기술이다.

스피치 전문가의 관점에서 보면 불편한 대화는 '조율형 메시지(Adjustment Message)' 구조로 설계해야 한다. 불만을 던지는 게 아니라 관계를 재조정하는 대화다. 순서는 단 세 단계다.

첫째, 사실 진술.

"지난 회의에서 당신이 내 말을 끊었을 때 나는 말을 마치지 못했어요."

감정은 빼고 행동만 말한다. 증거가 있는 팩트는 방어를 무너뜨린다.

둘째, 감정 진술.

"그때 조금 무시당한 느낌이 들어서 불편했어요."

'너 때문에'가 아니라 '나에게는'으로 표현하라. 감정을 소유한 주체를 명확히 해야 비난이 아닌 소통이 된다.

셋째, 관계 의도.

"앞으로는 서로 말이 겹치면 잠시 기다렸다가 마무리하는 걸로 할까요?"

문제 제기에서 끝내지 말고 다음 단계를 제시하라. 대화는 종결이 아니라 조율이다. 이 구조를 익히면 불편한 말도 매끄럽게 흘러간다. 상대는 공격받았다고 느끼지 않고 당신은 억눌리지 않는다. 감정은 폭탄이 아니라 나침반이 된다.

유머로 풀자면 이런 거다.

"우리 관계에 진실의 백신 한 방만 맞자. 잠깐 따갑지만 평생 면역될 거야."

혹은 이렇게.

"나는 싸우고 싶은 게 아니라 오래 가고 싶어서 말하는 거야. 싸움은 3분, 오해는 3년 가잖아.”

불편한 대화는 관계를 깨는 게 아니라 관계를 튼튼하게 만든다. 불편함은 곧 성장의 통증이다. 말로 부딪히지 않으면 결국 행동으로 터진다. 당신이 말하지 않은 것들이 언젠가 비명처럼 터져 나올 테니까.

진짜 성숙한 사람은 이렇게 말한다.

“지금 불편한 게 나중에 어색한 것보다 낫잖아요.”

그 한 마디면 된다. 불편함을 피하지 말고 그 안으로 들어가라. 거기서 관계는 썩지 않고 숙성된다. 말로 피하지 않은 관계만이 오래간다. 그리고 결국 진짜 편안함은 불편함을 통과한 사람들만이 누릴 수 있다.

모든 철학적 문제는 언어가 휴가 갔을 때만 생겨난다.

비트겐슈타인

말로 반격하라—
침묵이 널 구해주지 않는다

"침묵은 무게가 아니라 무기력이다."

침묵은 평화가 아니라
패배 선언이다

입 다물고 있으면 인생이 조용해질 거로 생각했지? 착각이다. 조용해지긴 하지. 대신 네가 사라진다. 침묵은 평화가 아니라 네 인생이 정리되는 과정이다. 말 안 하면 싸움은 안 나지만 그건 전쟁을 이긴 게 아니라 그냥 항복한 거다. "괜히 말해서 꼬일까 봐…"라는 생각, 그거, 네 인생이 꼬이는 첫 문장이다.

침묵은 평화를 주는 게 아니라 관계의 불공정 계약서다. 상대는 네 침묵을 '동의'로 번역한다.

"쟤는 아무 말 안 하니까 괜찮은가 보다."

그리고 거기서 끝이 아니다.

"이 정도 말해도 되겠네."

"이 정도 부려먹어도 되겠네."

"이 정도는 참을 거야."

그다음엔 네 인생이 '무료 체험판' 취급당한다. 침묵은 관대함이 아니라 호구 선언문이다.

한두 번은 괜찮다. 하지만 세 번 참으면 그건 '성격' 된다. 그리고 다섯 번 넘으면 '직급' 된다.

"쟤는 원래 저래."

"쟤는 말 안 해."

이 말들이 뭐 같아 보여도 사실상 너한테 내리는 '관계의 감봉 통보'다. 이제 네 입에서 나오는 건 "괜찮아요." 뿐인데 세상은 그걸 '예스맨'의 언어로 번역한다. 그렇게 네 인생은 '말 없는 대리'로 평생 승진 못 하는 거다.

침묵은 관계를 썩게 만든다. 냉장고에 음식이 썩는 이유는? 뚜껑을 닫아버려서다. 감정도 똑같다. 덮어놓으면 썩는다. 네가 입 다무는 순간 상대는 "아, 아무 반응 없네?" 하면서 점점 더 썩은 말을 꺼낸다. 처음엔 농담이었지만 나중엔 무시가 된다.

“야, 너는 왜 가만히 있어?”

그 한 마디에 네가 웃으면 끝났다. 그 웃음은 평화가 아니라 항복 사인이다.

그리고 어느 날 폭발한다. 근데 문제는, 이미 타이밍이 지나서 아무도 네 말을 안 믿는다.

“왜 이제 와서 그래?”

“갑자기 예민해졌네?”

이런 소리 듣고 멘탈은 더 부서진다. 근데 잘 생각해 봐라. 네가 조용히 참은 시간은 몇 년이었고, 그들이 네 감정을 무시한 시간도 몇 년이었다. 그런데 지금 와서 예민하다고? 아니, 이제야 정상 반응이다. 그동안 네가 너무 비정상적으로 착했을 뿐이다.

현대사회에서 침묵은 무게가 아니라 무기력이다. 회사에서도, 가족에서도, 인간관계에서도 마찬가지다. 말 안 하면 ‘배려’가 아니라 ‘패스권 포기’다. 아무 말 안 하면 네 의견은 없는 사람 취급받는다. 결국 너 빼고 다 결정하고, 다 먹는다. 회식 자리에서 고기 굽는 사람만큼 손해 보는 역할이 침묵이다. 구워주고, 먹지도 못하고, 냄새만 밴다.

스피치 전문가로서 단언한다. 말은 방패다. 말 안 하면 상대는 네 마음을 마음대로 편집한다.

“쟤는 뭐 생각이 없대.”

“쟤는 뭐든 괜찮대.”

아니, 괜찮은 게 아니라 말할 힘이 없는 거다. 침묵은 감정의 사망 선언이다. 입 다문 사람은 결국 자존감까지 묻는다.

그래서 나는 이렇게 말한다. 침묵은 평화가 아니라 관계의 무덤이다. 말하지 않으면 상대는 존중을 배울 기회가 없다. 감정을 숨긴 채 얻은 평화는 플라스틱 꽃처럼 예쁘지만 향이 없다. 아무리 오래 봐도 피지 않는다. 진짜 평화는 말로 만든다.

“그건 내 기준엔 지나쳤어요.”

“지금 그 말은 상처가 되네요.”

이건 싸움이 아니다. 경계의 리모컨이다. 네가 눌러야 한다. 안 누르면, 네 인생은 남의 채널에서 계속 재생된다.

이제 제발 입 닫고 있는 걸 ‘성숙’이라고 착각하지 마라. 침묵은 성숙이 아니라 무능한 배려다. 네가 입 다문 사이 네 인생의 리모컨은 타인의 손에 있다. 그리고 그들은 언제든 너를 '음소거' 시킨다.

그러니 오늘부터 이렇게 선언해라.

"나는 조용히 당하지 않겠다."

"이제부터 내 말로 내 인생을 복구하겠다."

"침묵은 미덕이 아니라 내 존엄을 좀먹는 독이다."

이 한 문장이 네 인생의 볼륨을 다시 켜줄 것이다. 이제 네 목소리의 주파수를 되찾아라. 네가 침묵을 끝내는 순간 관계의 위계는 무너진다. 그리고 네 말은 드디어 너를 다시 세운다. 침묵은 평화가 아니다. 그건 네 인생을 납품하는 패배 선언이다. 이제는 말로 살아라. 조용히 무너지는 시대는 끝났다.

공격은 아니어도
방어는 해야 산다

공격은 아니어도 방어는 해야 산다. 착한 사람 코스프레, 이제 그만둬라. 세상은 네 착함에 감탄하지 않는다. 그들은 네 인내 위에 다리를 놓고 네 '괜찮아요'를 밟고 지나간다. 그리고 끝에 가서 네가 무너질 때 그들은 말한다.

"왜 갑자기 그래?"

그 '갑자기'는 네가 수백 번 참은 결과다. 세상은 네 침묵을 이해하지 않는다. 계산한다.

"아, 저 사람은 말 안 하니까 더 시켜도 되겠네."

"나는 싸움 싫다."라는 말, 너무 자주 써먹지 마라. 싸움이 싫다고 방어까지 포기하면 평화주의자가 아니라 방관자다. 인생은 전장이다. 네가 경계를 안 세우면 누군가는 네 땅에 발부터 들인다. 그렇게 네 시간, 네 감정, 네 자존심은 서서히 점령당한다. 네가 조용할수록 상대는 더 커진다. 네가 웃을수록 그들은 더 뻔뻔해진다. 그리고 언젠가 네 안에 쌓인 피로가 폭발하면 너만 이상한 사람 된다.

“그냥 내가 참으면 되지.”라는 말, 그건 배려가 아니라 자기 학대다. 참는다는 건 네 감정에 재갈을 물리는 일이다. 침묵은 네가 좋은 사람이 아니라 쉬운 사람이라는 증거다. 네가 무시당하는 이유는 ‘착해서’가 아니다. ‘아무 말 안 해서’다. 세상은 표현하지 않는 사람을 존중하지 않는다. 표현은 싸움이 아니라 자기 보호다.

‘싫다.’ ‘그건 아닌 것 같아요.’ ‘지금은 그 말이 좀 버겁네요.’ 이런 문장들은 싸움이 아니다. 울타리다. 경계 없는 사람은 결국 바닥까지 뚫린다. 네가 불편하다고 말할 때 상대는 배운다.

“아, 저 사람은 기준이 있구나.”

그게 존중의 시작이다. 말을 아끼는 게 미덕이던 시대는 끝났다. 요즘 세상은 말을 던지는 자가 살아남는다.

방어는 예의다. 하지만 참는 건 자해다. 감정은 억누르면 썩고, 썩은 감정은 언젠가 행동으로 터진다. 그게 냉소, 회피, 무기력으로 나온다. 몸이 아픈 이유, 사람에게 치이는 이유, 관계가 늘 지치는 이유— 그거, 방어 안 한 벌이다. 스스로 울타리를 치지 않으면 세상은 네 정신을 공공장소처럼 취급한다. 아무나 들어와서 흔들고, 아무렇게나 나간다.

나는 수없이 봤다. 방어 못 하는 사람은 결국 관계의 하청으로 산다. 말은 없고, 눈빛은 죽어 있고, 얼굴은 늘 피곤하다. 그런 사람의 인생은 늘 "괜찮아요."로 끝난다. 근데 정작 괜찮은 적은 한 번도 없다. 그들이 남긴 건 '참았던 시간'과 '뒤늦은 분노'뿐이다. 늦게 터지는 분노는 언제나 제일 비참하다.

이제 정신 차려라. 단호함은 무례가 아니다. 단호함은 네가 네 삶을 지키겠다는 서약이다. 네가 무너지지 않으려면 말해야 한다. 말은 공격이 아니라 생존이다. 경계 없는 착함은 결국 자기 파괴다. 세상은 네 마음을 몰라준다. 말해야 들린다. 들려야 멈춘다.

오늘부터 이 문장을 인생의 철칙으로 새겨라.

"나는 공격하지 않지만, 방어는 포기하지 않는다."

이건 싸움의 기술이 아니라 존엄의 기술이다. 착한 사람은 결국 이용당한다. 하지만 단호한 사람은 끝까지 살아남는다. 세상은 네 감정의 울타리를 대신 세워주지 않는다.

입 닫은 사람은 결국 지워진다. 그러니까 이제 말해라. 아니, 지켜라. 네 기준, 네 감정, 네 자리. 그게 살아 있는 인간의 최소 조건이다.

■

4-3

■

반박이 아니라
'정리'로 주도권을 잡아라

대화의 전장은 언제나 조용히 시작된다. 누군가 감정적으로 던진 한 마디가 칼처럼 공기를 가르고, 그 순간 대부분의 사람은 본능적으로 반격하려 한다.

"그건 아니죠."

"그건 내 의도가 아니었어요."

"그렇게 말하면 곤란하죠."

이런 말들은 즉각적인 방어지만 동시에 주도권을 내주는 신호다. 왜냐하면 인간의 뇌는 '반박'을 공격으로 인식하기 때문이다. 상대의 귀는 그 즉시 닫히고, 그 대화는 논리가 아니라 본능의 싸움으로 변한다.

이건 본능의 전쟁이다. 반박은 '맞서 싸워야 한다'는 신호를 뇌에 보낸다. 상대의 편도체가 불타오르고 방어벽이 세워진다. 당신이 아무리 옳은 말을 해도 이미 그 말은 도착하지 않는다. 상대의 뇌는 듣지 않는다. 이미 생존 모드로 전환됐기 때문이다. 그래서 현명한 사람은 반박하지 않는다. 대신, 정리한다.

정리는 이성의 기술이다. 반박은 감정을 건드리고 정리는 흐름을 장악한다. 싸움은 감정이 세상을 지배할 때 일어나지만, 주도권은 언제나 흐름을 통제하는 사람에게 있다.

"좋아요, 정리하자면—"

이 한 문장은 대화의 판을 바꾸는 비밀 암호다. 사람의 뇌는 '정리하자'는 말을 들으면 본능적으로 결론을 기대한다. 긴장을 풀고 듣는 자세를 취한다. 바로 그 틈이 당신의 기회다.

정리의 본능은 단순하다. 인간은 혼란이 싫다. 누군가 복잡한 말을 이어갈 때 듣는 뇌는 피로를 느낀다. 그때 누군가 "결국 이 말씀이죠?"라고 구조를 세워주는 순간 그 사람을 리더로 인식한다. 정리하는 자는 단순히 대화를 마무리하는 사람이 아니라 대화의 질서를 세우는 사람이다. 세상은 결국 '질서를 만든 사람'을 기억한다.

반박은 충돌이고 정리는 해석이다. 충돌은 짧은 승리를 주지만 해석은 지속적인 영향력을 남긴다. 상대가 소리를 높일수록 당신은 속도를 늦춰야 한다. 목소리를 높이는 대신 흐름을 낮추는 것, 그게 말의 지배력이다. 냉정하게 정리하는 순간 대화의 온도는 떨어지고, 상대의 감정은 수그러든다. 상대는 무의식적으로 당신의 리듬에 맞춰 호흡을 바꾼다. 그게 언어의 기강이다.

반박의 습관은 본능이다. 하지만 정리의 기술은 훈련이다. 사람은 반박할 때 빠르고, 정리할 때 느리다. 그래서 대부분은 본능에 진다. 하지만 리더는 속도를 조절한다. 감정의 폭주를 느낄 때 한 문장을 던진다.

"좋아요. 정리하자면 이겁니다."

이 한 문장이 감정의 브레이크를 잡는다. 상대의 말은 여전히 요동치지만 대화의 중심축은 이미 당신 쪽으로 이동했다.

이건 단순한 언어 기술이 아니라 심리의 지배다. 인간

은 '정리된 구조'를 따르려는 습성이 있다. 혼란 속에서 질서를 제시하는 사람에게 자동으로 권위를 부여한다. 그래서 정리하는 사람은 말이 아니라 분위기를 장악한다. 반박은 순간의 쾌감으로 끝나지만 정리는 방향을 잡는다. 대화의 마지막을 장악한 사람만이 진짜 이긴다.

이제부터 명심해라. 반박은 싸움의 본능이고 정리는 지배의 본능이다. 반박은 상대의 공격 본능을 깨우고 정리는 그 본능을 재운다. 싸움은 불붙이는 자가 아니라 불 끄는 자가 끝낸다. 네가 진짜 이기고 싶다면 감정의 속도를 늦춰라. 목소리를 낮추고 리듬을 바꿔라. 말의 방향이 네쪽으로 향하는 순간 대화는 이미 끝났다.

그러니까 앞으로는 이렇게 말해라.

"좋아요. 그건 이해했어요. 다만 이렇게도 볼 수 있죠."

"지금 감정이 오해를 만든 것 같아요. 정리하자면 이겁니다."

"결국 우리가 이야기하는 건 방향이에요. 그 방향을 맞춰봅시다."

이건 반박이 아니다. 흐름을 장악하는 선언이다. 정리하는 자는 감정의 폭풍을 지나 이성의 탑 위에 선다. 반박으로는 상대를 꺾을 수 없다. 하지만 정리로는 상대를 설득할 수 있다.

기억해라. 싸움은 소리가 큰 쪽이 이기는 게 아니다. 정리하는 쪽이 마지막 문장을 가진다. 그 문장을 쥔 순간 네가 대화의 리더다. 그게 바로 '언어로 판을 지배하는 사람'의 방식이다.

"그건 네 해석이야."
—감정전쟁의 방패 문장

세상엔 사실보다 해석이 먼저 달려드는 인간들이 있다. 당신이 한 말을 듣자마자 자기 감정의 필터로 번역해서 받아적는 사람들.

"그 말은 결국 날 비꼰 거잖아?"

"너 요즘 나 무시하지?"

이런 대사들은 현실의 문장이 아니라 자기 피해망상 번역기가 자동으로 돌고 있는 소리다. 문제는 당신이 아무리 "그게 아니야."라고 해명해도 그들의 뇌는 이미 해석을 확정했다는 점이다. 감정적으로 먼저 결론을 내려놓고 논리를 끼워 맞추는 것이다. 그래서 이런 사람들과 싸우면 반드시 진다. 왜냐하면 그들은 사실을 믿는 게 아니라 기분을 믿기 때문이다.

여기서 필요한 게 바로 감정 전쟁의 방패 문장이다.

"그건 네 해석이야."

이 한 문장은 감정의 화살을 정면으로 막는다. 상대의 감정에 휘말리지 않고 그들의 '감정 판결문'을 반송하는 선언이다. 이 말을 처음 들은 사람들은 기분이 상한다. 왜냐하면 당신이 감정의 재판권을 거부했기 때문이다. 그들의 뇌는 "내가 느낀 게 곧 진실이야."라는 착각에 빠져 있다. 그런데 당신이 "그건 네 해석이야."라고 말하는 순간 그 감정의 재판장은 공중 분해된다. 이 한 문장이 얼마나 강력하냐면, 그들의 분노를 '자기 감정의 영역'으로 되돌려버린다.

감정의 소유권을 돌려주는 것이다. "그건 네 해석이야." 이 말은 곧 "그건 네 기분이고 난 그 기분의 책임자가 아니다."라는 뜻이다.

감정의 전장은 언제나 '책임의 착각'에서 시작된다. 누군가는 말한다.

“넌 날 상처 줬어.”

하지만 사실 그 문장은 이렇게 번역돼야 한다.

“넌 내 감정을 건드렸고, 그 감정을 내가 다루지 못했어.”

상대의 감정은 당신의 책임이 아니다. 그들이 상처받는 건 당신의 말 때문이 아니라 그들이 이미 상처받을 준비가 되어 있었기 때문이다. 그럼에도 세상은 언제나 그 책임을 듣는 사람에게 넘긴다.

“너 때문에 기분 나빠.”

“너 때문에 상처받았어.”

이런 말들은 감정 폭탄을 손에 쥐여주는 시한장치다. 여기서 방어하지 않으면 당신은 평생 ‘감정 처리 기사’로 살아야 한다.

“그건 네 해석이야.”

이 말은 차갑지만 정당하다. 싸우려는 말이 아니라 경계를 세우는 말이다. 감정의 책임을 구분하는 말이다. 이 한 문장은 공격의 불을 끄는 동시에 당신의 평정심을 되살린다. 이 문장을 입에 담는 순간 당신의 뇌는 자동으로 방어 모드가 아닌 통제 모드로 전환된다. 상대의 감정에

말려들지 않고 '사실의 영역'으로 시야를 복귀시킨다. 당신이 감정이 아니라 구조를 보게 되는 순간 상대의 감정적 에너지는 더 이상 당신에게 영향을 미치지 못한다.

예를 들어보자. 누군가 이렇게 말한다.

"너 그때 나 완전 무시했잖아."

보통은 이렇게 반응한다.

"무시한 게 아니라 내가 그때 피곤해서 그랬어."

이건 해명이다. 이미 상대의 감정 안으로 들어간 것이다. 하지만 고수는 다르게 말한다.

"그건 네 해석이야."

이 한 문장으로 대화의 방향이 바뀐다. 당신은 감정의 법정에 피고로 서지 않는다. 그 말은 감정의 공을 상대 코트로 되돌려 보내는 기술적인 리턴샷이다. 감정전의 고수들은 싸우지 않는다. 단지 책임의 좌표를 명확히 한다.

이 문장을 잘 쓰려면 어조가 중요하다. 비웃거나 냉소적으로 말하면 독이 된다. 감정 없이, 단호하게, 마치 계약 조항을 읽듯 말해야 한다.

"그건 네 해석이야."

톤을 낮춰라. 표정을 지우고 리듬을 천천히 가져가라.

말의 온도가 낮을수록 상대의 감정은 더 빠르게 식는다. 사람의 뇌는 감정의 온도 차에 민감하다. 당신이 차분하면 상대의 분노는 방향을 잃는다. 그들이 더 이상 불붙일 연료를 찾지 못하는 것이다.

이 말은 단순한 방어가 아니라 심리적 우위의 선언이다. "그건 네 해석이야."는 감정의 난투장에서 이성의 위치를 확보하는 문장이다. 말싸움은 논리로 이기는 게 아니다. 감정의 중심을 잡은 쪽이 이긴다. 감정의 불길에 휘말리지 않고 딱 한 문장으로 흐름을 끊는 순간 상대는 본능적으로 기세를 잃는다.

기억해라. 감정전에서 살아남는 사람은 더 세게 소리치는 사람이 아니다. 더 일찍 '감정의 주인'을 구분하는 사람이다.

"그건 네 해석이야."

이 한 문장은 싸움이 아니라 경계다. 당신이 감정의 무대에서 내려오는 순간 상대는 혼자 남는다. 그리고 그들이 분노로 허공을 때릴 때 당신은 이미 다음 페이지로 넘어간다. 그게 바로 감정 전쟁의 최종 생존 기술이다.

싸우지 말고 정리하라. 끌려가지 말고 분리하라. 당신

의 감정은 당신 것이고 그들의 해석은 그들의 짐이다. 이
제 그 짐은 네가 질 이유가 없다.

대화는 논쟁이 아니라
주도권 싸움이다

대화는 논리 싸움이 아니다. 그건 이미 끝난 게임이다. 대화는 '누가 이 판의 리모컨을 쥐느냐'의 싸움이다. 말 잘하는 사람이 이기는 게 아니라 흐름을 지배하는 사람이 이긴다. 대부분의 사람은 이걸 모른다. 그래서 말싸움이 나면 논리로 상대를 꺾으려다 자기 감정부터 터진다. 목소리는 점점 커지고, 얼굴은 달아오르고, 결국 분위기만 싸해진다. 누가 이기느냐고? 끝까지 리듬을 유지한 사람이다.

대화의 주도권은 말하자면 '운전석'이다. 너는 차에 타서 목적지를 정하지도 않았는데 상대가 핸들을 잡고 네 인생을 U턴 시키고 있다.

"그건 네가 오해한 거야."

"그건 네 잘못이야."

"넌 왜 맨날 그렇게 해?"

이런 말 한 줄에 네 감정은 순식간에 조수석 창밖으로 던져지고 너는 정신없이 핸들 없는 차에 앉아 흔들린다. 주도권을 잡으려면 일단 핸들을 빼앗아야 한다.

첫째, 말의 '속도'를 지배해야 한다. 대화의 고수들은 절대 급하지 않다. 감정이 올라와도 속도를 늦춘다. 상대의 말이 유튜브 0. 5배속으로 재생되는 것처럼 듣는다. 느리게 반응하면 상대의 리듬이 무너진다. 너는 상대의 감정에 올라타는 게 아니라 리듬을 끊는 DJ가 되어야 한다.

"잠깐, 정리하자면…"

이 한 문장으로 상대의 논리를 멈추고 흐름을 네 쪽으로 돌릴 수 있다.

둘째, 질문으로 스티어링을 잡아라. 반박 대신 묻는 거다.

"그 말의 근거가 뭐야?"

"그건 네 기준에서 그렇다는 거지?"

질문은 전투가 아니라 방향 전환이다. 상대는 네가 공격한다고 느끼지 않지만 무의식적으로 네 기준에 맞춰 대답하게 된다. 이게 바로 주도권의 기술이다. 상대가 자기 생각을 네 구조 안에서 말하게 만들면 이미 네가 대화의 호스트다.

셋째, 요약은 필살기다. 대화가 길어질수록 사람은 정리를 해주는 쪽을 신뢰한다.

"결국 우리가 말하고 싶은 건 이거죠."

이 한 문장은 리더의 문장이다. 회사에서도, 연애에서도, 심지어 싸움에서도. 말이 많으면 결국 흐름을 잃는다. 요약하는 자가 맥을 잡는다. 그게 언어의 권력이다.

그런데 여기서 함정이 있다. 주도권을 잡았다고 '이겼다'고 착각하는 순간 그 리모컨은 다시 빼앗긴다. 왜냐하면 네 말에 '힘'은 있지만 '온도'가 사라지기 때문이다. 사람은 통제당하는 걸 싫어한다. 주도권을 쥐었다고 상대를 끌고 가면 반발이 생긴다. 마치 내비게이션이 "지금 당장 유턴하세요."만 반복할 때처럼 짜증이 난다. 주도권은 상대를 억누르는 게 아니라 함께 이동하게 만드는 기술이다. 상대가 따라오고 싶게 만들어야 진짜 리더다.

그래서 진짜 고수는 주도권을 '보이지 않게' 쓴다. 말투는 부드럽고 어조는 단단하다.

"그건 이렇게 보는 게 좋을 것 같아요."

"내가 듣기로는 이런 방향이 나을 것 같은데?"

겉으로는 제안이지만 속으로는 방향 제시다. 이건 '명령형 리더십'이 아니라 '습관형 리더십'이다. 네가 리듬을 주면 상대는 자연스럽게 박자를 맞춘다.

주도권을 잘 쓰는 법은 결국 '에너지 관리'다. 목소리의 크기나 단어의 화려함이 아니라 감정의 안정도로 결정된다. 감정적으로 흔들리지 않는 사람이 대화의 리듬을 가져간다. 한마디로 요약하자면, 주도권은 이성의 체온을 지키는 기술이다. 상대가 흥분할수록 더 차분해져라. 그 순간 대화의 무게중심이 이동한다. 사람의 뇌는 안정된 목소리를 '신뢰'로 인식한다. 네가 평정심을 유지하면 상대의 공격은 공허하게 튕겨 나간다.

하지만 주도권을 잡았다고 다 된 건 아니다. 착각하지 마라. 주도권은 '끝'이 아니라 '시작'이다. 그걸 휘두르면 조종이고, 조율하면 리더십이다. 그걸로 상대를 굴복시키면 독재고, 상대를 움직이게 하면 설득이다. 주도권은 힘이 아니라 '방향의 책임'이다. 방향을 잡았으면 그 길에 먼저 발을 디뎌라.

대화는 전투가 아니다. 말은 무기보다 운전대에 가깝다. 목소리가 크다고 길을 아는 건 아니다. 길을 만드는 사람만이 주도권을 가진다.

기억해라. 대화에서 이긴 사람은 '논리적으로 우위에 선 사람'이 아니라 끝까지 리듬을 지배한 사람이다. 감정이 폭발하는 판에서도 자기 말의 속도를 지키는 자, 그가 진짜 리더다.

그러니까 다음번에 누가 네 앞에서 말 폭탄을 터뜨리면, 이렇게 생각해라.

'지금 이 사람은 감정 드리프트 중이고 나는 핸들 잡은 운전자다.'

심호흡 한 번 하고 속도를 줄여라. 그리고 이렇게 말해라.

"좋아요. 지금 대화의 흐름, 내가 잠깐 정리하죠."

그 한 문장이 전세를 바꾼다. 그게 바로 현대사회의 진짜 무기 리듬을 통제하는 언어의 권력이다.

제5장

말은 무기다—
세계가 아니라 정확하게 베어라

"말을 세게 하는 대신 정확히 하라. 그게 진짜 강자다."

말은 세야 하는 게 아니라 맞아야 한다

세상엔 두 종류의 말쟁이가 있다. 소리를 질러 이기려는 사람과 단어 하나로 조용히 무너뜨리는 사람. 전자는 폭죽 같고 후자는 저격수다. 폭죽은 시끄럽지만 금세 꺼지고 저격수는 한 방이면 끝낸다. 진짜 무서운 말은 세게 터지는 말이 아니라 조용히 '딱 맞는 곳'을 건드리는 말이다.

요즘은 다들 '말맞'을 착각하고 산다. 말이 세야 통한다고 믿는다. 한마디로 말하면, 다들 입으로 헬스 중이다. 볼륨을 키우면 진실이 더 커지는 줄 아는 거다. 회의 중에 목소리 높이는 사람, 연애 중에 감정 높이는 사람, SNS에서 대문자와 느낌표로 싸우는 사람들. 다들 공통점이 있다. 말은 많은데 내용은 없다. 그건 말이 아니라 잡음이다.

진짜 고수는 절대 세게 말하지 않는다. 세게 말하면 감정이 튀고, 감정이 튀면 중심이 흐트러진다. 그건 싸움의 기술이 아니라 흥분의 발작이다. 정확한 말은 그 반대다. 물 한 방울이 유리컵 가운데 '딱' 떨어지는 그 정적 같은 것. 단어 하나로 상대의 생각을 멈추게 만드는 것.

예를 들어보자. 상사가 말한다.

"요즘 왜 이렇게 집중을 못 해?"

보통 사람은 이렇게 반응한다.

"저 집중하고 있는데요!"

하지만 정확히 쏘는 사람은 다르게 말한다.

"집중이 부족해 보이셨다면 어떤 부분이 그렇게 느껴지셨을까요?"

이건 방어가 아니다. 정확한 조준이다. 상대는 갑자기 리듬을 잃는다. 왜냐하면 네가 감정의 무대에 올라가지 않고 분석의 무대에 올라갔기 때문이다.

또 이런 경우도 있다. 연인이, "넌 진짜 자기중심적이야.”라고 말할 때 대부분은 “그래? 그럼 너는 뭐 완벽하냐?”로 맞받는다. 하지만 정확히 맞추는 사람은 이렇게 말한다.

“그 말은 내가 내 감정을 솔직하게 말해서 불편하다는 뜻이지?”

한 문장인데, 게임 끝이다. 상대의 화살이 허공에 멈춘다. 감정이 아닌 구조를 짚었기 때문이다. 이게 정확한 말의 위력이다.

말이 세면 일시적으로 이긴 척할 수 있다. 하지만 그건 싸움의 소리일 뿐 대화의 결과가 아니다. 강하게 말하는 사람은 시원할지 몰라도, 결국 피로하다. 세게 말하는 건 마치 바람 빠진 풍선 잡으려고 계속 입으로 바람 넣는 거랑 같다. 잠깐은 커지지만 결국 터진다.

정확한 말은 반대로 칼날처럼 얇다. 감정이 아니라 구조를 자른다. 예를 들어 “넌 왜 그렇게 예민해?”라고 말하는 사람에게 “그 말이 내 감정을 예민하다고 규정하는 거 자체가 예민한 행동이야.”라고 말하는 순간 상대는 침묵한다. 그건 공격이 아니라 ‘정리’다. 정확한 말은 상대의 언어를 스스로 무너뜨리게 만든다.

말의 정확도는 단어 선택이 아니라 '상황 해석력'에서 나온다. 같은 말을 해도 맥락을 정확히 짚으면 무게가 다르다. "그건 기분 나빠."는 감정이고, "그 말투는 나를 낮추는 뉘앙스로 들려."는 데이터다. 전자는 감정을 쏘고 후자는 인식을 바꾼다. 사람의 뇌는 감정보다 '구체성'에 더 강하게 반응한다. 그래서 정확한 말은 싸움을 줄이고 설득을 만든다.

생각해 봐라. 링 위에서 소리치는 복서가 무섭나, 조용히 숨 고르며 타이밍 재는 복서가 무섭나. 말도 똑같다. 고요한 사람일수록 정확히 들어간다. 언성 높이는 사람은 자기 말에 취해 있고, 정확한 사람은 상대의 리듬을 계산하고 있다. 싸움은 결국 누가 먼저 진정하느냐로 끝난다.

센 말은 감정을 풀지만 정확한 말은 판을 바꾼다. 센 말은 불씨지만 정확한 말은 설계다.

센 말은 자극이고 정확한 말은 지배다. 그러니까 다음에 누가 너한테 시비 걸면 이렇게 해라. 소리 지르지 말고, 표정도 바꾸지 말고, 이렇게 말해라.

"그건 네 말이지. 그런데 그 말의 근거는 뭐야?"

그 한 문장이 감정의 불을 끈다. 싸움은 끝나고 주도권은 네 손으로 돌아온다.

말은 세게 치는 게 아니라 정확히 찍는 거다. 다이아몬드는 단단해서 빛나는 게 아니라 정밀하게 잘렸기 때문에 빛난다. 말도 같다. 정교함이 힘이다. 감정이 아니라 구조를 본 사람만이 사람의 마음을 움직인다.

그러니까 기억해라. 세게 말하면 시끄럽고 정확히 말하면 조용히 이긴다. 입으로 싸우는 사람은 금세 지치지만, 정확히 겨누는 사람은 오래간다. 진짜 강한 사람은 소리치는 게 아니라 맞추는 사람이다. 그게 언어의 기술이고 관계의 전략이다. 그리고 그 한 문장으로 인생의 판도를 바꾸는 게 진짜 말의 힘이다.

팩트보다 무서운 건 '정확한 타이밍'

사람들은 늘 '팩트'에 집착한다. "나는 틀린 말 안 했어." "그건 사실이잖아." 이 말들은 꼭 방패처럼 들리지만 실상은 칼날이다. 팩트가 사람을 이기는 게 아니다. 타이밍이 사람을 무너뜨린다. 진실은 무겁지만 타이밍은 날카롭다. 잘못된 순간에 내뱉은 진실은 칼보다 깊게 박힌다.

팩트는 정확하지만, 감정은 온도가 있다. 감정의 온도가 100도일 때 그 사람에게 진실을 던지는 건 끓는 물에 소금 뿌리는 거다. 더 짜지고 더 뜨거워진다. 반대로, 온도가 식었을 때 던지는 한 마디는 국물처럼 스며든다. 팩트는 뇌로 이해되지만 타이밍은 심장으로 받아들여진다.

회사 회의에서 이런 장면을 본 적 있을 것이다. 상사가 아이디어를 막 던지자마자 옆자리 동료가 손 번쩍 들고 "그건 비효율적입니다."라고 말한다. 말은 맞다. 그러나 타이밍은 틀렸다. 그 한마디로 회의장은 얼어붙는다. 논리적일수록 분위기가 싸늘해진다. 반대로, 고수는 한 박자 쉰다.

"그 방향도 좋습니다. 다만 이런 점도 함께 보면 더 나을 것 같습니다."

이렇게 말하면 같은 내용인데 공기 흐름이 다르다. 이건 논리 싸움이 아니라 '타이밍 감각'의 차이다.

연애에서도 마찬가지다. 연인이 울고 있을 때 "그러니까 내가 하지 말랬잖아." 이건 팩트 테러다. 하지만 시간이 지나고 상대가 스스로 정리된 후 "그때 나도 걱정돼서 말이 좀 세졌던 것 같아." 이렇게 말하면 그건 돌덩이가 아니라 온기다. 똑같은 말인데 타이밍이 다르면 감정의 결과는 정반대다. 진실은 늦어도 되지만 타이밍은 앞서가면 안 된다.

가끔 사람들은 타이밍을 '운'이라고 착각한다. 하지만

그건 감정의 리듬을 읽는 '센스'다. 대화는 피아노처럼 건반을 눌러야 한다. 너무 세게 누르면 깨지고 너무 늦게 누르면 박자가 어긋난다. 타이밍이 좋은 사람은 말이 아니라 분위기를 연주한다. 상대의 표정, 눈빛, 호흡을 보고 박자를 맞춘다. 그게 진짜 소통의 박자감이다.

팩트를 아무 때나 툭 던지는 건 똑똑한 게 아니라 둔감한 거다. 타이밍을 모르는 말은 감정의 문을 닫고 관계의 기류를 끊는다. 그래서 말의 고수들은 '언제 말할까'를 '무엇을 말할까'보다 더 많이 생각한다. 회의 때는 말의 순서를 계산하고 연애에서는 침묵의 타이밍을 잡는다. 침묵도 말이다. 다만 타이밍이 완벽할 때 침묵은 가장 큰 문장이 된다.

예를 들어보자. 누군가 화를 내며 쏘아붙인다.

"너는 왜 항상 이래?"

그때 대부분은 즉시 반박한다.

"항상은 아니지!"

하지만 진짜 현자는 한 박자 쉰다. 눈을 마주치고, "지금은 그 말이 감정에서 나온 거 같아. 나중에 다시 이야기하자."라고 한다. 이게 타이밍의 기술이다. 네가 싸움을 미룬 게 아니라 폭발을 통제한 거다. 상대의 분노는 방향을 잃고 네 침착함은 리듬을 만든다. 타이밍이 곧 리더십이다.

유머도 마찬가지다. 아무리 웃긴 말도 한 박자 빠르면 싸해지고 한 박자 늦으면 민망하다. 타이밍은 언어의 박자, 대화의 호흡, 감정의 온도다. 그래서 사람들은 내용보다 타이밍에 더 반응한다. "그 말이 맞다."는 논리가 아니라, "그때 그 말이 필요했다."라는 감정이 사람을 움직인다.

팩트는 냉정하지만 타이밍은 현명하다. 팩트는 상대를 멈추게 하고, 타이밍은 상대를 따라오게 만든다. 팩트는 눈으로 보고 타이밍은 공기로 느낀다. 그래서 언어의 진짜 힘은 '정확함'보다 '감각'에 있다. 감정의 문이 닫혔을 때 말하는 사람은 논리왕이 아니라 타이밍 망자다.

진짜 말의 고수는 이렇게 생각한다.

"말은 맞는 걸로 되는 게 아니라 들리는 걸로 된다."

그래서 그들은 말을 던지지 않는다. 걸어둔다. 상대가 잡을 준비가 되었을 때 그 말은 의미가 된다. 그전까지는 입 밖에 내지 않는다. 왜냐하면 아무리 옳은 말도 준비 안

된 사람에게는 폭탄이니까.

결국 말의 수준은 팩트가 아니라 타이밍이 정한다. 조금 더 기다릴 줄 아는 사람, 감정의 온도를 읽는 사람, 한 박자 늦게 말할 줄 아는 사람. 그들이 대화를 이긴다. 사람은 진실한 사람보다 타이밍 좋은 사람을 신뢰한다. 왜냐하면 팩트는 기억에 남지만 타이밍은 마음에 남기 때문이다.

그러니까 기억해라. 말은 총알이 아니라 활이다. 아무리 날카로워도 타이밍이 맞지 않으면 허공을 가른다. 하지만 딱 맞는 순간에 쏘면 세상은 조용해진다. 진실보다 더 큰 힘은 정확한 타이밍이다. 그건 말의 예술이고 인간관계의 전략이다. 말을 배우지 말고 박자를 배워라. 그래야 네 말이 사람의 마음 한복판에 닿는다.

말의 칼날은
감정이 아니라 논리에 묻는다

감정으로 휘두른 말은 휘발된다. 논리로 벼린 말은 오래 남는다. 분노는 불이고 논리는 칼이다. 불은 한순간 번쩍이지만 다 타버리고 칼은 갈수록 날이 선다. 그래서 말싸움에서 이기는 사람은 흥분하는 사람이 아니라 설계하는 사람이다.

대화는 감정전이 아니라 '논리 공사'다. 벽돌 없이 콘크리트 붓는 집이 무너지듯 근거 없이 말만 세우면 관계도, 신뢰도 무너진다. 논리는 네 말의 기초공사다. 감정은 장식이고 논리는 구조다. 구조 없는 말은 한 번의 감정 폭발로 끝나지만 구조가 있는 말은 그 사람의 권위가 된다.

생각해 봐라. 회의 때마다 감정이 터지는 사람은 결국 '감정적인 사람'으로 낙인찍힌다. 하지만 똑같은 내용을 '논리의 틀'에 담아 말하는 사람은 '분석적인 사람'으로 기억된다. 말의 무게는 목소리 크기에서 나오는 게 아니라 구조의 명료함에서 나온다. 감정은 소리를 키우지만 논리는 공간을 장악한다.

논리의 첫 단계는 '기준'을 세우는 것이다. 기준 없이 말하면 그건 의견이 아니라 하소연이다. "나는 이게 불편해요."가 아니라 "이건 우리 합의 기준에 어긋나요."라고 말해야 한다. 전자는 감정, 후자는 구조다. 기준을 먼저 세우면 그 기준 밖의 말들은 자동으로 정리된다. 이건 대화가 아니라 정리의 기술이다.

두 번째는 '순서'를 지키는 것이다. 말도 조리 순서가 있다. '문제 제기 → 근거 제시 → 대안 제안 → 결론'의 순서를 지키면 어떤 대화든 주도권을 빼앗기지 않는다. 순서 없이 말하는 건 요리 중에 소금부터 붓는 거다. 결국 망한다. 감정은 순서를 무너뜨리고 논리는 리듬을 세운다.

세 번째는 '근거의 결을 다르게 깔아라'는 것이다. 예를 들어 '수치', '사례', '원리' 세 가지 결을 쓰면 상대는 반박할 틈이 없다. 예를 들어 이렇게 말해라.

"이번 주 고객 불만이 17건이었고(수치), 대부분이 배송 지연 문제였습니다(사례). 결국 이건 시스템보다 일정 관리 방식의 문제입니다(원리)."

이 세 줄이면 감정의 여지가 사라진다. '감정'으로 공격하는 사람은 논리 세 줄 앞에서 무기력해진다.

네 번째는 '반론을 선점하라'. 상대가 꺼내기 전에 미리 말해라.

"물론 이렇게 하면 시간이 조금 더 걸리겠죠. 하지만 그만큼 정확도가 올라갑니다."

이 한 문장으로 대화의 주도권은 네 손으로 들어온다. 먼저 예상하고 정리하는 사람은 싸우지 않고 이긴다.

논리 화법의 본질은 '정리력'이다. 논리적인 사람은 말을 잘하는 게 아니라 상대의 혼란을 줄이는 사람이다. 예를 들어, 상대가 "너는 왜 늘 그렇게 말이 많아?"라고 공격한다면, "나는 말이 많아서 문제라기보다 우리가 말의 목적을 다르게 보는 것 같아. 나는 문제를 풀기 위해 말하지만 넌 감정을 정리하기 위해 말하는 거잖아.” 이렇게 정리하면 싸움이 끝난다. 논리는 감정의 열기를 빼앗는 냉각기다.

논리를 설계할 때는 문장을 ‘삼단 구조’로 세워라.

사실 진술

“이 문제는 이번 주 세 번째 발생한 일이다.”

의미 해석

“즉, 단순 실수가 아니라 패턴화된 문제다.”

해결 제안

“그래서 확인 절차를 고정 프로세스로 바꾸자.”

이 세 단계를 익히면 어떤 자리에서도 리더의 자리에 앉게 된다.

감정은 말을 불태우지만 논리는 말을 남긴다. 논리적인 말은 사람을 설득하는 게 아니라 상대 스스로 납득하게 만든다. 감정은 ‘이해시켜야’ 하지만 논리는 ‘이해된다’. 이 차이가 크다. 현대사회에서 논리는 권력이다. 감정은 SNS에 넘치지만 논리는 회의실을 지배한다. 결국 말이 먹히는 자리는 감정이 아니라 구조 위에 세워진다. 그러니 감정으로 싸우지 말고 구조로 설계해라.

논리를 쉽게 만드는 요령은 이렇다. 감정이 치밀면 말하지 말고 정리해라.

"이건 왜 이렇게 되는 거지?"

"그럼, 원인은 뭐지?"

"이걸 바꾸려면 뭐부터 해야 하지?"

이런 질문을 스스로에게 던지면 감정이 논리로 바뀐다. 분노는 질문을 만나면 사고로 변한다. 그게 성숙의 시작이다.

사람들은 논리적인 사람을 '차갑다'고 오해하지만 진짜는 정중하다. 감정은 폭발하고 사라지지만 논리는 구조를 남긴다. 구조가 남으면 관계가 남는다. 결국 논리란 '감정을 버리는 기술'이 아니라 '감정을 정리하는 기술'이다.

이제 기억해라. 말의 칼날은 감정에 적시면 녹는다. 하지만 논리에 담그면 반짝인다. 분노는 즉흥이고 논리는 설계다. 세상은 큰 소리보다 구조를 기억한다. 다음번 누군가 자극할 때 이렇게 생각해라.

"이건 싸움이 아니라 설계도다. 지금 내가 짓는 건 말이 아니라 구조다."

그때부터 언성을 높이는 사람이 아니라 흐름을 통제하는 사람이 된다. 그게 진짜 언어의 권력이다.

> ## "그 말, 나한텐 필요 없어."
> ### ―완벽한 대화 종료 문장

이 한 문장은 인간관계의 급브레이크이자 정신 건강의 생존 버튼이다. "그 말, 나한텐 필요 없어."라고 말하는 순간 네 인생의 잡음이 싹 정리된다. 잊지 마라. 세상에는 말이 너무 많다. 근데 진짜 문제는 너무 많은 말을 듣는 네 태도다. 남이 던지는 말 하나하나에 의미를 부여하다가 결국 너 자신은 사라진다. '조언'이라며 찔러대는 간섭, '격정'이라며 들이미는 통제, '솔직해서 그래'라며 내뱉는 폭언. 그 모든 게 사실상 감정의 쓰레기 투척이다.

그런데 너는 지금까지 그걸 다 받아줬다. 왜냐고? 착하게 보여야 하니까. 관계를 깨기 싫으니까. 근데 냉정하게 말하자. 너는 착한 게 아니라 허용적이었던 거다. 그리고 허용은 결국 네 정신을 갉아먹는다.

뇌과학적으로, 누군가의 부정적인 말 한 마디가 네 뇌에 들어오면 편도체가 즉시 '공격받았다'고 인식한다. 그때 스트레스 호르몬이 분비되고, 심장은 쿵쾅대고, 생각은 흐려진다. 그게 단 한 마디였을 뿐인데도 네 몸은 전쟁을 치른다. 즉, 네가 불필요한 말을 '예의상' 듣는 순간 네 뇌는 무의미한 전투를 시작한다. 그 말 하나로 하루 에너지의 30%가 날아간다. 그런데 여전히 그걸 다 듣고 있다? 그건 배려가 아니라 자기 학대다.

"그 말, 나한텐 필요 없어."

이건 싸움이 아니라 '회로 차단'이다. 불필요한 대화를 끊어야 뇌가 쉴 수 있다. 대화가 길어질수록 피로가 쌓이는 이유는 감정 회로가 계속 켜져 있기 때문이다. 사람들은 '좋은 게 좋은 거지' 하면서 대화를 이어가지만 뇌 입장에서는 그게 전력 낭비다. 그러니까 이제부터는 이렇게 생각해라. 불필요한 말은 전력 누수다. 네 멘탈은 배터리다. 그 말 하나 거절할 줄 모르면 네 정신은 매일 방전된다.

심리적으로 보면 이 문장은 자존감의 방어벽이다.

"그 말, 나한텐 필요 없어."는 단순한 말이 아니라 감정의 국경선이다. 네 안에 아무나 들어오게 하면 그건 착한 게 아니라 무방비다. 경계 없는 착함은 결국 너를 잠식시킨다. 사람들은 네가 잘 들어주면 감사하지 않는다. 오히려 '애는 내 말 다 들어주는 애'로 기억한다. 즉, 존중이 아니라 이용 대상이 된다. 그래서 이 한 문장은 감정의 주권 선언이다. '내 안은 내 허락 없이는 누구도 못 들어온다.'

현대사회는 말이 너무 많다. SNS, 단톡방, 회식, 가족 모임까지. 모든 사람이 '말의 폭격기'가 되어 산다. 그리고 그 속에서 진짜 병드는 사람은 '듣기만 하는 사람'이다. 그들은 겉으로 멀쩡하지만 속으로 썩어간다. 감정의 쓰레기장에는 향수가 없다. 냄새만 남는다.

그러니까 이젠 예의 차리지 마라. 필요 없는 말엔 "그건 나한텐 필요 없어." 하고 바로 차단해라. 그게 무례한 게 아니라 생존의 매뉴얼이다.

이 문장은 심리적 절도 방지 시스템이다. 누가 네 안으로 들어와 마음을 훔치려 할 때 이 문장은 경보를 울린다.

“삐— 경계선 침범.”

그 순간 상대는 멈춘다. 왜냐하면 이 문장은 ‘거절’이 아니라 ‘통제’이기 때문이다. 통제의 언어는 강하다.

“그건 내 방식과 달라요.”

“그 말은 지금 나한텐 필요하지 않아요.”

이런 문장은 싸움이 아니라 질서다. 네가 먼저 질서를 세우면 상대는 그 안에서만 움직일 수밖에 없다.

유머러스하게 말하자면 세상엔 말이 두 종류다. 하나는 네 인생을 키우는 비료 같은 말이고, 다른 하나는 네 자존감을 태우는 소금물 같은 말이다. 비료는 뿌리면 자라지만 소금물을 흘리면 말라 죽는다. 그리고 대부분의 사람은 ‘조언이랍시고’ 소금물을 붓는다.

“나는 그냥 너 생각해서 하는 말이야.”

아니다. 그건 “내가 널 내 기준으로 고치고 싶다.”라는 말이다. 그럴 때 해야 할 대답은 하나뿐이다.

“그 말, 나한텐 필요 없어.”

뇌는 단호한 언어를 좋아한다. 확실하게 ‘필요 없어’라고 말할 때 전전두엽이 통제력을 회복하고 스트레스 회로가 닫힌다. 즉, 이 한 문장은 신경학적으로 마음의 리셋 버튼이다.

필요 없는 말을 거절하는 순간 뇌는 도파민을 분비하며 스스로에게 보상한다. 그건 싸움이 아니라 정리다. 정리가 곧 평화다.

완벽한 대화는 말로 이기는 게 아니라 말로 끝내는 것이다. 끝낼 줄 아는 사람이 진짜 고수다.

"그 말, 나한텐 필요 없어."

이건 냉정이 아니라 품격이다. 대화는 오래 하는 게 능력이 아니다. 정확히 끊는 게 기술이다. 세상엔 떠드는 사람보다 정리하는 사람이 강하다.

그러니 이제 이 문장을 네 인생의 보안코드로 새겨라.

"그 말, 나한텐 필요 없어."

이건 도망이 아니다. 생존이다. 이건 무례가 아니다. 단단한 자존감이다. 이건 싸움의 끝이 아니라 네 평온의 시작이다.

남의 말에 휘둘리며 하루를 탕진하던 그 시절은 끝났다. 이제 네 감정의 주도권을 되찾아라. 그 말 하나로 뇌는 쉬고, 감정은 숨 쉬고, 삶은 정화된다. 세상에 수많은 말이 떠다녀도 결국 네 인생을 지키는 건 단 하나의 문장이다.

“그 말, 나한텐 필요 없어.”

이건 말의 칼이 아니라 영혼의 방패다. 그리고 이 한 문장을 쓰는 순간 비로소 말의 노예가 아니라 언어의 주인이 된다.

말이 단단한 사람은
아무 말에도 흔들리지 않는다

세상을 살다 보면 인간은 둘로 갈린다. 남의 말 한 마디에도 진동하며 하루 종일 다양한 앱 알림이 울리는 스마트폰형 인간, 아무리 시끄러운 말이 쏟아져도 내면은 고요한 바다처럼 흔들리지 않는 노이즈 캔슬링형 인간. 문제는 대부분이 스마트폰처럼 산다는 것이다. 누가 툭 던진 농담 한 마디에 진동이 오고, 카톡 하나에 기분이 휙 뒤집히고, 비난 섞인 말에 멘탈 배터리가 10%까지 떨어진다. 당신의 감정 버튼이 여기저기 노출되어 있으니 누구나 눌러보고 반응을 구경한다. 이런 삶은 피곤하다. 외부 자극의 노예가 되어 살아가는 삶이다.

단단한 말은 여기서 시작된다. 반사 신경을 끄는 것. 요즘 사람들의 말버릇은 거의 파블로프의 개 수준이다. 누가 "그거 틀렸던데?"라고 말하면 0. 1초 만에 "아니요!"가 튀어나오고, 누가 "그건 너 때문이야."라고 말하면 반사적으로 변명이 터져 나온다. 이건 대화가 아니라 척수 반사다. 생각이라는 장치를 거치지 않은 즉각 반응이기 때문에 자존도, 주도권도 모두 상대에게 넘어간다. 단단한 사람은 반응을 조금 늦춘다. 그 짧은 '멈춤' 속에서 말을 공중에 띄워두고 분석한다. '이 말이 정말 나를 향한 공격인가? 아니면 상대의 기분일 뿐인가? 이 말에 내가 굳이 반응할 필요가 있는가?' 이 멈춤은 짧지만 위력은 강하다. 자극과 반응 사이에 공간을 만드는 것, 바로 그 공간이 인간을 짐승과 구별하는 능력이다. 단단한 말은 본능의 속도가 아니라 선택의 속도로 말한다.

그리고 잊지 마라. 당신은 거울이 아니다. 상대가 웃으면 따라 웃고, 상대가 화내면 나도 같이 불타오르고, 상대가 말투를 툭 던지면 내 말투도 뾰족해지는 삶을 살지 마라. 그건 반사체의 인생이다. 자기 얼굴인데 평생 남의 표정만 짓고 사는 사람은 삶 전체가 지쳐버린다. 단단한 사람은 빛을 반사하는 거울이 아니라 자기 안에서 빛을 내는 자체 발광체다. 당신의 톤과 색은 당신이 결정하는 것이지 타인의 표정에 달린 게 아니다. 상대의 감정이 당신 감정을 지배할 자격은 없다.

"그건 네 감정이고 나는 지금 이런 톤이다."

이 태도가 단단한 말의 기반을 만든다.

그럼에도 많은 사람들이 흔들리는 이유는 단 하나다. 인정이란 마약에 중독되어 있기 때문이다.

"저 사람이 나를 좋게 보길 원해요."

"저 말에 기분 나쁘지 않은 척해야 좋은 사람으로 보이겠죠."

이 비굴한 욕망이 말의 뿌리를 흔들어놓는다. 단단한 사람들은 이 마약을 이미 끊어버린 사람들이다.

"네가 나를 인정하든 말든 나는 내가 훌륭하다는 걸 안다."

이 정도의 자기 확신이 있어야 말이 흔들리지 않는다. 그러니까 그들의 말투에는 흔들림이 없고, 목소리에는 불필요한 떨림이 없다. 관객이 있든 없든, 무대 조명이 켜지

150

든 꺼지든, 자기 장면을 끝까지 마치는 배우처럼 존재 자체가 중심을 잡는다.

결국 단단한 말의 비밀은 중력이다. 지구는 달의 눈치를 보지 않는다. 태양은 지구의 평판에 신경 쓰지 않는다. 존재 자체가 큰 질량을 갖고 있으니 자연스럽게 중력이 생기는 것이다. 단단한 사람도 똑같다. 경험, 실패, 성찰, 배움, 기질, 철학이 모든 것들이 쌓여 질량을 만든다. 내면의 밀도가 높아지면 가벼운 말들은 영향을 주지 못한다. 오히려 가벼운 사람들만 당신의 중력에 끌려 허공에서 빙빙 돈다. 당신이 남의 말에 휘청거리는 이유는 약해서가 아니라 가벼워서다. 쌓아둔 게 없으니 가벼운 말에도 바람에 날린다.

단단한 사람들의 마지막 무기는 침묵이다. 불안한 사람은 정적을 못 견뎌서 말로 채우지만 단단한 사람은 그 고요를 즐긴다. 침묵 속에서 단어를 고르고, 감정을 정렬하고, 상황을 파악한다. 그래서 그들이 입을 열면 문장이 완성되어 나오고, 상황이 정리되며, 분위기가 재편된다. 침묵은 말이 없는 상태가 아니라 말의 '준비 동작'이다. 그들은 아무 말이나 하지 않는다. 반드시 해야 할 말만 한다.

그 무게가 사람을 제압한다.

그러니 이제부터 연습해라. 누가 말을 던지면 바로 받지 말고 3초만 멈춰라. 상대의 감정은 반사하지 마라. 당신만의 톤을 유지해라. 가벼운 말은 배경음으로 통과시키고 중요한 말만 채집해라. 남의 인정에 목매지 마라. 질량을 키워라. 당신 안에 쌓이는 무게가 많아질수록 남들은 점점 당신의 궤도를 돌기 시작할 것이다.

말이 단단한 사람은 요란하게 울리지 않는다. 반응하지 않는다. 흔들리지 않는다. 그저 묵직하게 존재할 뿐이다.

그 존재감이 바로 어떤 말 앞에서도 부서지지 않는 진짜 강철이다.

제6장

내 말로 산다는 건
더 이상 미안하지 않다는 뜻이다

"이제는 듣는 인생이 아니라 선언하는 인생이다."

내 말에 책임지는 순간 인생이 리셋된다

사람들은 말은 기가 막히게 한다. 입만 열면 인생 새로 태어날 것처럼 떠들어댄다. "나 이제 진짜 달라질 거야." "앞으로는 나답게 살 거야." "이제부터는 빡세게 간다." 그런데 며칠만 지나봐라. 그 다짐은 언제나처럼 증발하고 늘 그렇듯이 '언젠가'라는 이름의 쓰레기통에 처박힌다. 왜냐. 말은 공기라서 아무 힘도 안 들지만 책임은 무게가 있기 때문이다. 대부분은 혀를 굴릴 근육은 튼튼한데 그 말을 실제로 들고 가는 다리 근육은 퇴화되어 있다. 그래서 쌓이는 건 변화가 아니라 자기 입으로 스스로 찍은 부도

수표다. 그리고 웃긴 건, 뇌는 그걸 다 알고 있다는 거다. 당신이 뱉은 말을 그대로 실행하면 뇌는 바로 "오, 이 인간은 진짜네." 하고 신뢰 점수를 올린다. 반대로 말만 번지르르하게 휘갈겨놓고 아무 행동이 없으면 "아, 애 또 시작이구나." 하고 신뢰를 끊어버린다. 그게 당신 자존감이 작살나는 원리다. 자존감은 멋있는 말을 한다고 생기는 게 아니다. 비싼 다이어리 사고 예쁜 문구를 적는다고 생기는 것도 아니다. 자존감은 내가 한 말을 내가 지켰다는 기록이 쌓일 때만 만들어진다. 그러니까 인생이 꼬였다고 느껴질 때 남 탓하기 전에 스스로에게 물어라.

"내가 내 말을 지킨 적이 얼마나 되지?"

대답이 침묵이면 이미 답 나온 거다.

책임이라는 건 멋져 보이려고 들이미는 포즈가 아니다. 책임은 도망치지 않는 용기다.

"힘들어도 할게."

"무섭지만 간다."

이 한 문장들이 가진 밀도는 감정 따위보다 훨씬 무겁다. 말이 근육을 만나야 인생이 움직인다. 반대로 "나중에 할게." "컨디션 좀 나아지면." "기분 좀 잡히면." 이런 말들은 미루기가 얼굴 바꿔 입고 나온 것이다. 기분 좋아질 날은 없다. 기분은 따라오는 거다. 태도가 먼저다.

요즘 사람들 보면 감정은 재벌인데 책임은 거지다.

"상처받았어."

"힘들어서 아무것도 못 하겠어."

감정 표현만 부자인 사람들. 근데 그 감정 뒤에 따라오는 행동은 없다. 책임진다는 건 내 탓을 뒤집어쓰는 게 아니라 이제부터는 내 인생의 감독이 되겠다는 말이다.

"이 장면 내가 다시 촬영할게."

이 한 문장만 나오면 인생은 그 즉시 리셋된다. 거창한 계획도 필요 없다. 책임이라는 건 말에 생명을 넣는 작업이다. "난 할 거야."는 그냥 공기고, "지금 5분이라도 한다."는 살아 있는 말이다. 그 5분이 쌓이면 사람 인생은 조용히, 그러나 확실히 바뀐다. 세상은 거대한 결심보다 쪼개놓은 행동 앞에서 무너진다.

세상이 당신 말을 안 믿는 이유는 간단하다. 당신이 당신 말을 안 믿기 때문이다. 말은 신용이다. 지키지 않으면 신용불량자가 되고, 대우도 그 수준이 된다. 반대로 당신이 한 말을 계속 실행하면, 말은 힘이 생긴다. 그때부터는 당신이 말하는 대로 삶이 따라온다. "할 거야."가 아니라 "이미 하고 있어." 이 말투가 인생이 새 버전으로 켜졌다는 신호다.

이제부터는 듣는 인생, 변명하는 인생을 끝내라. 누구한테 허락받지도 말고 당신 말로 당신 삶을 시작해라. 말은 주문이고 책임은 시동이다. 입만 움직이던 인간에서 세상을 밀어 움직이는 인간으로 변하는 순간은 딱 하나, 당신 말이 당신 행동이 되는 그 순간. 인생은 그렇게 리셋된다. 요란한 효과음도 없고 카운트다운도 없다. 그냥 어느 날 문득, 조용하지만 확실하게, 당신 안의 시스템이 새로 켜진다.

"이제 듣는 인생 끝. 나는 내가 말하는 대로 산다."

이것이 당신 인생의 진짜 리셋 버튼이다.

원하면 더 독하게, 더 직설적으로, 더 깊게 파고들 수도 있다.

사람 잃는 게 아니라
나를 되찾는 일이다

사람을 잃는다는 건 나쁜 일이 아니다. 정확히 말하면, '불필요한 소음'을 끄는 일이다. 그런데 사람들은 이상하게도 나를 망치던 사람에게까지 미련을 둔다.

"그래도 좋은 점이 있잖아."

"나한테만 저러는 건 아닐 거야."

이 말은 죄책감처럼 들리지만 사실은 자존감의 잔해를 붙잡는 자기기만이다. 관계를 끊는 건 잔인한 게 아니라 '정신의 구조조정'이다. 회사를 살리려면 부실한 사업부터 정리하듯 인생을 살리려면 썩은 관계부터 걷어내야 한다.

사람은 상처로 크지만 같은 사람에게 계속 다치는 건 성장이 아니라 중독이다. 그래서 꼭 잃어야 할 인간 유형이 있다. 이들을 버리지 못하면 결국 나를 버리게 된다.

첫째, 감정 빨대형.

이 인간은 네가 힘든 날이면 기가 막히게 연락이 온다. "너 힘들지? 나도 힘들다." 위로인 줄 알고 듣다 보면 어느새 네 얘기는 사라지고 그 사람의 하소연만 남는다. 넌 들어주느라 밤새고, 정작 네 마음은 버려져 있다. 이들은 '공감'이 아니라 '감정 충전'을 위해 널 찾는다. 그 사람을 계속 받아주는 건 착함이 아니라 자기 방전이다.

둘째, 피해자 코스프레형.

항상 세상 탓, 부모 탓, 회사 탓을 한다. "나도 어쩔 수 없었어." "그땐 상황이 그랬어." 이런 말을 습관처럼 한다. 너는 그 말을 들을 때마다 괜히 이해해 줘야 할 것 같고 네 탓인 듯 느껴진다. 그건 이들의 기술이다. 죄책감을 세련되게 던지는 화법. 이 사람과 오래 있으면 나도 모르게 사과하고, 미안하다고 하고, 점점 무너진다. 왜? 죄책감은 세상에서 가장 교묘한 조종 도구니까.

셋째, 기분 폭력형.

이 인간은 무기가 말이 아니다. 표정이다. 입으로는 "아니야. 괜찮아."라지만, 얼굴로는 "난 기분이 나쁘다."를 시전한다. 그 표정 하나에 넌 괜히 눈치 보고, 맞춰주고 기분 풀어주려 애쓴다. 결국 너는 상대의 감정을 '관리하는 직원'이 된다. 그건 관계가 아니라 감정의 노예 계약이다. 이런 사람은 감정으로 통제하는 인간 CCTV다. 멀리해라. 그건 인간이 아니라 네 감정 배터리를 빨아먹는 블랙홀이다.

넷째, 무례를 '솔직함'으로 포장하는 인간.

"나는 솔직해서 그래."라는 말을 방패처럼 쓰는 사람이다. 그 '솔직함'은 사실 배려 없는 직구고 상처 주는 걸 정당화하는 기술이다. 그런 사람 곁에 있으면 너는 점점 말수가 줄고, 표현이 줄고, 결국 존재감이 줄어든다. 그건 진심이 아니라 폭력이다. 진짜 솔직한 사람은 상대의 마음을 찌르지 않는다. 그냥 정직하게 자신을 드러내되 타인을 해치지 않는다.

다섯째, 기억 선택형.

자신에게 유리한 기억만 남기고 불편한 건 다 삭제한다. "그랬던가?"가 입버릇이다. 너무 반복되면 네가 미친 사람처럼 느껴진다. "내가 잘못 기억했나?" 아니다. 넌 제대로 기억하고 있다. 이건 '가스라이팅'이다. 너를 헷갈리게 해서 자기 말이 진실처럼 느껴지게 만드는 기술이다. 그 관계를 끊는 건 분노가 아니라 자기 정신을 지키는 방어다.

여섯째, 영원한 비교형.

"누구는 그렇게 안 하던데?" "걔는 잘하던데 너는 왜?" 이건 칭찬의 탈을 쓴 모욕이다. 비교는 언제나 평가의 형태로 들어온다. 이들과 있으면 네 장점이 가려지고 자존감은 서서히 마모된다. 그들은 경쟁에서 살아남은 인간이라 남을 평가해야 자기 존재를 확인한다. 그런 사람 옆에서는 절대 편히 숨 못 쉰다. 그건 친구가 아니라 삶의 심판관이다.

일곱째, 유머랍시고 무례한 인간.

"야, 농담이잖아~" 이 말이 모든 모욕의 마침표다. 이들은 농담으로 사람을 깎아내리고, "너 왜 이렇게 예민해?"로 덮는다. 이건 유머가 아니라 감정의 폭탄 테러다. 그들과 있으면 넌 웃으면서 상처받는 법을 배운다. 그 상처가 오래 쌓이면 진짜 웃음을 잃는다.

여덟째, 이득 관계형.

필요할 때만 연락하고 도움 다 받으면 증발한다. 네가 도와주면 "덕분이야!" 하면서 그 '덕'을 바로 자기가 만든 공으로 포장한다. 이건 우정이 아니라 거래다. 넌 사람을 줬는데 그들은 계산기를 꺼냈다. 그 관계를 계속하면 결국 너는 이용이 습관이 된다.

아홉째, 불행 자랑형.

이 사람은 세상 모든 고통의 주인공이다. 누가 아프다 하면 "나는 더 아파." 누가 힘들다 하면 "난 진짜 죽을 뻔했어." 이건 공감이 아니라 고통 경쟁이다. 이들과 있으면 어느새 네 행복이 죄책감처럼 느껴진다. 그건 관계가 아니라 정서적 인질극이다.

열째, 무한 조언형.

"내가 해봐서 아는데~"로 시작해서 끝없는 강의가 이어진다. 문제는 그들이 널 진심으로 돕고 싶어서가 아니다. '자기가 더 잘난 사람'이라는 걸 확인하고 싶어서다. 이들과 대화하면 피드백이 아니라 피로가 쌓인다. 진짜 조언은 방향을 보여주는 거지, 목줄을 잡는 게 아니다.

이런 인간들과 관계를 끊을 때 사람들은 미안해한다.
"내가 너무 냉정한가?"
아니다. 그건 냉정이 아니라 생존 본능이다. 너무 오래 참으면 나중엔 네가 비정상처럼 느껴진다. 마음이 병드는 건 타인 때문이 아니라 끊어야 할 타인을 못 끊은 나 때문이다.

이제부터 이렇게 생각해라. 사람을 잃는 게 아니라 나를 되찾는 거다. 그 관계가 떠나가면 그 자리에 공허함이 아니라 평화가 들어온다. 처음엔 낯설다. 조용하니까, 허전하니까, 괜히 불안하다. 하지만 그건 새 공기의 냄새다. 이제 숨 쉬는 법을 다시 배우는 중이다.

관계의 정리는 인간관계의 '다이어트'다. 불필요한 관계를 빼야 건강이 돌아온다. 사람을 잃는 게 아니라 독소를 배출하는 거다. 결국 인생의 주인은 남이 아니라 나다. 진짜 어른은 사람을 많이 두는 게 아니라 불필요한 사람을 정리할 줄 아는 사람이다. 그러니 이제는 미안해하지 마라. 나를 병들게 한 사람에게 미안할 이유는 없다. 그건 잔인함이 아니라 정신의 위생이다. 사람을 잃는 건 끝이 아니라 회복의 시작이다. 이제야 비로소 네가 돌아온다. 그게 진짜 회복의 첫 장이다.

6-3

나는 한때 사람 말 한 마디에 자동으로 흔들리는 인간이
었다. 누가 "그건 네가 예민해서 그래."라고 말하면 내 감
정은 즉시 불량품 취급을 받았고, "그래도 이해해야지."라
는 말 앞에서는 내가 갑자기 유난쟁이가 되어버렸다. 웃
긴 건, 그 말 던지는 사람들은 자기 한 마디가 얼마나 무
겁게 꽂히는지 모른다는 거다. 던지는 손은 가벼워도 맞
는 가슴은 그 말의 파편을 하루 종일 뽑아내며 버틴다. 나
는 그걸 매일 겪었다. 그리고 멍청하게도 스스로에게 이
렇게 말했다.

“그래, 내가 조금만 더 참으면 되지.”

그렇게 참고 또 참다 보니 어느 순간 내 안의 목소리는 완전히 사라져 있었다.

나는 오랫동안 남의 말에 끌려다니며 살았다.

“이건 널 위해 하는 말이야.”

“나는 그냥 솔직하게 말한 거야.”

“좋은 게 좋은 거잖아.”

이런 말들이 마치 옳은 방향처럼 보였고 나는 그 방향대로 착하게 걸어갔다. 문제는 그 길 끝에 있는 건 늘 남의 이익이었지, 내 인생이 아니었다. 나는 ‘좋은 사람’ 되겠다고 나를 깎았고, ‘배려하는 사람’ 되겠다고 내 감정을 밟아버렸다. 남의 말은 성경책이고, 내 생각은 죄책감이었다. 그 모순 속에서 나는 점점 나를 잃어갔다.

그때는 몰랐다. 남의 말에 끌려가는 건 공감이 아니라 통제당하는 거라는 걸. 사람들은 “너를 위해서야.”라고 말하면서 결국 자기 기준 그대로 나를 틀 안에 넣으려고 한다. 진짜 ‘너를 위한 말’은 선택지를 준다. 하지만 세상엔 그 여지를 아예 안 주는 인간들이 있다. 조언을 빙자해 리모컨을 쥐고 네 인생의 방향키를 자기 손에 쥔다. 그들은 말로 설득하는 게 아니라 말로 조종한다. 문제는 그 조종을 네가 관계라고 착각해 왔다는 거다.

왜 그렇게 끌려갔을까? 이유는 단순하다. 불안 때문이다. 인간의 뇌는 '소속감'을 안전이라고 착각한다. 누군가에게 맞춰주면 잠시나마 "나는 혼자 아니다."라는 따뜻함이 생긴다. 그 온기에 취해서 우리는 그 말에 종속된다. 그게 언어 의존이다. 겉으로는 남을 존중하는 척하지만 사실은 내 기준이 없어서 남의 말에 매달리는 상태다. 이건 배려가 아니라 무능이다. 내 기준이 없으니 남이 말하면 그대로 따라가는 거다.

하지만 인정해야 한다. 남의 말에 반응하는 순간 나는 내 인생의 운전대를 포기한 거다. 남의 말이 내 하루를 조종하고 남의 기분이 내 감정을 멋대로 흔들어댔다. "그건 좀 과한데?"라는 말 한 줄에 내 열정이 식고, "그건 오버 아니야?"라는 말에 내 꿈이 접혔다. 그건 조언이 아니라 내 삶의 방향 강도질이다. 네가 그 말에 계속 반응한다면 이미 그들은 네 감정 GPS를 해킹한 거다.

이제 그 해킹을 끊어내야 한다. 방법은 단순하다.

"그건 네 말이고 내 마음은 다르다."

이 한 문장이면 된다. 그들이 네 인생에 끼어들 때마다 이렇게 말해라.

"그건 네 기준이지, 내 기준은 아니야."

"그건 네 해석이고 나는 다르게 본다."

이건 싸움이 아니다. 영역 표시다. 네 말의 울타리를 세우는 작업이다. 울타리를 세우는 순간 그들은 더 이상 감히 넘어오지 못한다.

이제부터는 남의 말에 흔들리지 말고 네 말에 반응해라. 그게 주체다. 그게 자존감이다. 누가 "네가 틀렸어."라고 말하면 속으로 이렇게 말해라.

"틀려도 상관없어. 내 인생 책임은 내가 지니까."

이 문장이 당신의 뇌를 다시 프로그래밍한다. 그때부터 남의 말은 절대 진리가 아니라 그냥 참고 자료로 전락한다.

나는 이제 안다. '좋은 사람'이 되려다 가장 크게 잃는 건 나 자신이었다는 걸. 남의 말에 휘둘리던 시절엔 늘 내가 잘못한 것 같았다. 그런데 잘못된 건 내가 아니라 내 인생의 기준을 남의 입에 넘겨준 그 비겁함이었다. 이제는 그걸 되찾아와야 한다.

내 기준.

내 말.

내 리듬.

세상은 시끄럽다. 누군가는 네가 변했다고 하고 누군가는 네가 이기적이라고 한다. 웃기지 마라. 변한 건 네가 아니라 그들이 너를 더 이상 조종할 수 없다는 사실이다. 불편한 건 그들이다. 너는 드디어 정상으로 돌아온 거다.

이제 이렇게 말하자.

"네 말에 끌려다니던 나는 끝났다."

"나는 더 이상 말의 인형 아니다."

"이제는 내가 내 인생을 말로 이끈다."

남의 말로 흔들리며 살던 시절엔 늘 불안했다. 하지만 내 말로 방향을 잡기 시작한 순간 모든 게 달라졌다. 불편한 관계는 사라졌고 진짜 대화만 남았다. 이것은 전쟁이 아니라 회복이다. 남의 말로 살던 인생에서 내 말로 사는 인생으로 복귀한 것이다.

기억해라. 남의 말은 울림이다. 잠깐 울리다 사라진다. 내 말은 뿌리다. 한 번 내리면 평생 간다. 이제는 들리는 말보다 내가 심는 말을 선택해라. 그게 독립이다. 그게 어른이다.

　네 말에 끌려다니던 나에게 이제 내가 답한다. 이제부터는 내가 나를 말로 끌고 간다.

단호함은
고립이 아니라 자유다

사람들은 단호한 사람을 싫어한다고 말하지만 사실은 단호함이 불편한 게 아니라 단호한 사람 앞에서 자기의 흐물거림이 들키는 게 싫은 거다. 누군가가 "그건 싫습니다."라고 명확하게 말하는 순간 애매하게 살던 사람들의 가면이 깨진다. 그래서 그들은 단호한 사람에게 "차갑다." "예민하다." "독하다."는 낙인을 찍으며 자기 불편함을 덮어버린다. 단호함은 감정이 없는 사람들의 태도가 아니다. 오히려 자기 감정을 정확히 알고 그 감정의 영토를 지키는 사람만 단호해질 수 있다. 단호한 사람은 화나서 벽을

치는 대신 조용히 문을 닫고, 소리 지르는 대신 하나의 문장을 선명하게 날린다.

"그건 저한테 안 맞습니다."

이 말은 싸움이 아니라 자기 보호다. 세상은 네가 무너질 때는 동정하지만 네가 단호해지면 불편해한다. 왜냐하면 흐물흐물한 사람일수록 이용하기 쉽고 단호한 사람은 이용할 구멍이 없기 때문이다.

사람들은 관계를 유지하겠다는 핑계로 애매하게 말한다. 아니라고 말해야 할 순간에 "음… 괜찮아요."라는 독을 삼키고, 싫다고 말해야 할 순간에 "뭐… 너 말도 맞지."라고 스스로를 속인다. 그러면서 서서히 마음이 부패해 간다. 단호함은 그 부패를 막는 유일한 해독제다. 단호함이란 결국 이런 선언이다.

"여기는 내 감정의 땅이다. 허락 없이 밟지 마라."

"네가 지금 한 말은 나한테 받아들이기 어렵다."

"그 문제는 나한테 중요한 게 아니다."

이건 공격이 아니라 경계다. 이 경계가 있어야 내 마음이 망가지지 않는다.

많은 사람들이 묻는다.

"그렇게 단호하면 결국 혼자 되는 거 아니야?"

아니다. 단호함은 고립이 아니라 정화다. 단호해지면 떠나는 사람도 있다. 하지만 그건 네가 잃은 게 아니라 껍데기가 떨어져 나간 것뿐이다. 진짜 남는 사람은 네 단호함을 불편해하지 않는다. 오히려 존중한다. 왜냐하면 단호한 사람 옆에서는 누구도 연기하거나 조종할 수 없기 때문이다. 애매한 인간관계는 먼지처럼 쌓여 숨을 막지만 단호함은 그 먼지를 털어내고 공기만 깨끗하게 만든다. 이것이 자유다.

세상은 "좋은 사람"을 좋아하지 않는다. 세상은 "편한 사람"을 좋아한다. 단호해진다는 건 그 편리함의 노예 시스템에서 탈출하는 일이다. 네가 단호해질수록 세상은 불편해하지만 네 마음은 편안해진다. 이것이 단호함의 역설이다. 남들이 너를 싫어해도 네 감정은 건강해지고, 네가 외로울까 걱정하는 사람들은 정작 네 마음을 썩게 만들던 사람들이었다. 단호함은 외로움의 시작이 아니라 감정의 회복이다.

단호함은 태도가 아니라 기준이다. 감정이 흔들릴 때 기준이 나를 잡아준다. 단호한 사람은 거절을 두려워하지 않는다. 왜냐하면 거절은 인간관계를 정화하는 필터기이기 때문이다. 모든 걸 받아들이는 건 포용이 아니라 무기력이다. '좋은 게 좋은 거지'라는 말에 속아 자신을 태워가며 살아온 사람들은 단호함의 첫 문장에서 바로 해방감을 느낀다.

"싫습니다."

"그건 못 하겠습니다."

"여기는 제 선입니다."

이 세 문장만 말할 줄 알아도 인생의 절반은 정리된다.

단호한 사람은 외로워 보일 수 있다. 그러나 단호함은 외로움이 아니라 중심이다. 중심을 가진 사람은 흔들리지 않는다. 세상은 단호한 사람을 이기적이라고 욕하지만 진짜 이기적인 건 타인의 경계와 감정을 무시하는 사람들이다. 단호함은 타인을 공격하는 힘이 아니라 나를 지키는 최소한의 방패다. 착하게 살다 병든 사람은 많지만 단호하게 살다 무너진 사람은 없다. 네가 단호해지는 순간 사람들은 네 기준을 다시 학습한다. 그들이 네 선을 넘지 못하는 건 네가 설명을 잘해서가 아니다. 넘으면 다친다는 걸 알기 때문이다. 이것이 단호함의 실질적인 힘이다.

단호함은 고립이 아니라 자유다. 남의 감정에 휘둘리지 않고 내 감정으로 방향을 잡을 수 있을 때 비로소 인생은 내 것이다. 착하게 살며 쌓인 피로는 단호함으로만 회복된다. 이제 착한 사람의 마지막 착각을 벗어던져라. 단호함은 차갑지 않다. 단호함은 '내 인생의 온도'를 되찾는 일이다. 그 온도로 살아야 결국 내가 산다.

■

6-5

■

{ 이제 나는
내 말에 산다 }

한때 나는 남의 말에 인생을 저당 잡힌 사람처럼 살았다.
더 웃긴 건, 그런 말들을 한 번 듣고 지나가는 게 아니라
밤까지 곱씹고 마음속에서 확대 재생산해 스스로 괴롭혔
다는 거다. 지금 생각하면 진짜 호구였다. 남의 말은 절반
은 즉흥, 절반은 기분, 나머지는 그냥 입버릇인데, 나는 그
걸 마치 우주에서 날아온 신탁처럼 받아 적고 인생 계획
에 반영했다. 완전한 오류였다. 남의 말은 대개 '그날 컨디
션의 부산물'일 뿐인데 나는 그걸 내 인생의 나침반으로
삼고 살았다.

그러다 어느 날 문득 깨달았다. 남의 말에 끌려다니는 삶은 공감이 아니라 종속이라는 걸. 어떤 사람들은 "나는 널 위해 솔직하게 말하는 거야."라는 포장지를 씌워서 자기 기준을 강요한다. 어떤 사람들은 "좋은 게 좋은 거잖아."라는 말로 네 감정을 억지로 접게 만든다. 어떤 사람들은 "넌 왜 이렇게 유난이야?"라는 말로 네 경계를 부정한다. 그런데 신기한 건, 그 어떤 말도 책임은 없다. 말은 그들이 던지지만 그 말의 후폭풍은 다 내가 감당한다. 그들이 던진 말은 가벼운데 나는 그 무게를 통째로 들고 며칠씩 끙끙 앓는 거다. 그건 공감이 아니라 언어적 가스라이팅이다. 나는 그걸 관계라고 착각했다. 그리고 그 착각이 나를 점점 작아지게 만들었다.

뇌도 한몫한다. 인간의 뇌는 소속감을 안전 신호로 읽는다. 누군가의 말에 순응하면 뇌는 잠시 "아 좋아, 배척당하지 않았어."라며 안정감을 분비한다. 문제는 그 안정감이 너무 달콤해서 중독이 된다는 것이다. 그래서 계속 남의 말에 기대고, 남의 말에 흔들리고, 남의 말 없이는 판단조차 어려워지는 상태에 빠진다. 자기 기준이 사라진다는 건 사실상 '정체성의 파산'이다. 나는 나인 줄 알았는데 알고 보니 남의 말로 움직이는 생체 반응 로봇이었다.

그걸 알아챈 순간 나는 멈췄다. 그리고 질문했다.

"내 인생의 최종 결정권은 도대체 누구에게 있지?"

답은 선명했다. 말만큼은 내가 해야 한다. 그래서 나는 하나씩 회수하기 시작했다. 남에게 맡겨둔 내 감정, 내 기준, 내 방향. 그리고 깨달았다. 내가 던지는 말 한 문장이 남의 말 천 문장보다 강력하다는걸. 왜냐하면 내 말은 내 책임으로 끝나지만 남의 말은 아무 책임도 없다. 내 말이 틀리면 내가 바로잡으면 된다. 남의 말이 틀리면 내가 상처받는다. 이 구조를 깨닫는 순간 남의 말의 권위는 무너지고 내 말의 무게가 생긴다.

이제 나는 이렇게 산다. 남의 말은 참고 자료, 내 말은 최종 명령. 남의 말은 바람, 내 말은 뿌리. 남의 말은 즉흥적이고 기분 따라 흔들리지만 내 말은 내가 책임지는 만큼 단단하다. 누가 뭐라 해도 이제는 이렇게 답한다.

"그건 당신의 해석일 뿐이고 나는 내 관점이 있어요."

이 한 문장만으로 관계의 권력 구조가 바뀐다. 누가 "너 너무 이기적이야."라고 하면 속으로 이렇게 되돌린다.

"그래, 드디어 나를 중심에 두기 시작했다는 뜻이겠지."

단호하게 보일 수 있다. 차갑게 느껴질 수도 있다. 하지만 그건 고립이 아니라 독립이다. 남의 말이 중심일 때는 사람이 많아도 외롭다. 내 말이 중심일 때는 혼자 있어도 고립되지 않는다. 중심을 되찾으면 외로움이 사라진다. 그게 말의 힘이다.

그리고 놀랍게도 내 말에 살기 시작하자 친구 관계가 깔끔해졌다. 내 기준을 존중하는 사람만 남고 나를 조종하려던 사람들은 자연스럽게 떨어져 나갔다. 단단한 사람 곁에서 뻔뻔한 사람은 오래 버티지 못한다. 그래서 단호함은 외로움이 아니라 정화다. 감정의 공기청정기다. 남는 사람은 내 본질과 맞는 사람뿐이다. 진짜 관계는 단호함을 견뎌낸다.

이제 나는 남의 말보다 내 말의 정밀도를 더 믿는다. 남의 말은 내 인생을 책임지지 않지만 내 말은 내 인생을 움직인다. 그리고 나는 매일 나에게 이렇게 말한다.

"남의 말은 흘러가고 내 말은 쌓인다. 내 말로 방향을 잡아라."

이제 나는 내 말에 산다. 그게 단단하게 산다는 뜻이고, 그게 진짜 '나답게' 산다는 뜻이다.

그리고 단언할 수 있다. 이제 나는 어떤 말에도 흔들리지 않는다. 내 말이 기준이기 때문이다.

제7장

곁에 둘 사람과 버릴 사람은
내 말로 결정한다

"똥차가 가야 벤츠가 온다? 아니다.

내가 벤츠를 타야 한다."

"원래, 다들, 보통"
나를 조종하는 비겁한 단어들에게

대화하다가 보면 문득 숨이 턱 막히는 순간이 있다. 분명 나는 용기 내어 내 의견을 조심스럽게 꺼냈을 뿐인데 상대는 마치 세상의 진리를 한 줄로 요약하듯 "원래 그래." "다들 그렇게 살아." "보통은 안 그러는데 네가 좀 예민한 거야." 같은 말을 툭 던진다. 얼핏 보면 인생 선배의 조언처럼 들리지만 실제로는 대화의 문을 닫아버리는 아주 교묘한 방식이다. 이는 조언이 아니라 "닥치고 시키는 대로 해."라는 말을 점잖게 포장한 협박이며, 이 말이 등장하는 순간 대화는 끝난다. 왜냐하면 이 단어들은 상대의 입을 틀어막고 사유를 마비시키는 가장 손쉬운 마취제이기 때문이다.

이런 말을 즐겨 쓰는 사람들에게는 공통점이 있다. 바로 그들의 말에는 자기만의 논리가 없다는 점이다. 자기 생각으로 반박하거나, 근거를 제시하거나, 상대를 설득할 수 없을 때 그들은 가장 비겁한 방식을 사용한다. 보이지 않는 '집단' 뒤에 숨어버리는 것이다. "내가 그렇게 생각한다."라고 말하면 반론의 가능성이 열리지만, "다들 그렇다."고 말하는 순간 그들은 일종의 무적 갑옷을 입는다. 그 보이지 않는 다수를 앞세워 당신을 고립시키고, "너만 달라, 너만 이상해, 너만 튄다."라는 메시지를 은근히 심어 당신이 스스로 의심하게 만든다. 멀쩡하던 사람도 이런 말을 반복해서 들으면 '내가 진짜 유난을 떠는 건가?' 하는 생각에 주저앉게 되는데, 바로 그것이 그들이 원하는 결과다. 불안을 주입하고, 흔들리게 만들고, 결국 자신들의 통제 아래 두기 위한 의도된 전략인 것이다.

더 큰 문제는 "원래 그런 거야."라는 말이 가진 폭력성이다. 직장 상사가 부당한 업무를 지시하면서 "원래 우리 회사는 이래."라고 말할 때, 친구가 약속을 번번이 어기고는 "원래 코리안 타임 몰라?"라고 농담처럼 넘길 때, 이 말들은 현실을 설명하는 척하지만 사실상 책임을 회피하는 선언이다. 세상에 '원래 그런 것'은 없다. 단지 고치기 싫고, 책임지고 싶지 않고, 편하게 살고 싶은 사람들이 만들어낸 변명일 뿐이다. 그들은 변화하고 싶지 않기에 '원래'라는 단어로 거대한 벽을 세우고 당신의 문제 제기를 묵살한다. '원래'라는 단어가 등장하는 순간 당신의 고민과 고통과 새로운 기준은 힘을 잃고, 과거의 관습이 현재의 삶을 억누르는 언어적 폭력이 되는 것이다.

"다들", "보통"이라는 말도 마찬가지다. "남들은 다 야근해." "보통 며느리들은 이 정도는 해." "다들 참고 사는데 너는 왜 그래?"라는 말은 당신을 '평균'이라는 감옥에 집어넣으려는 시도다. 그들은 평균이라는 이름의 틀에 당신을 억지로 맞추고 그 틀에서 벗어나려는 시도를 '부적응'으로 규정한다. 하지만 묻지 않을 수 없다. 그 '다들'은 누구인가? 그 '보통'의 기준은 누가 정했는가? 실체 없는 누군가를 끌어와 내 삶을 재단하려는 이 태도는 결국 당신의 고유성을 지우고 당신을 다루기 쉬운 부품처럼 취급하기 위한 장치일 뿐이다. 당신이 느끼는 어려움이나 당신이 추구하는 가치가 '보통'이라는 범주에 들어가지 않는다는 이유로 폐기되는 것은 너무나 잔인한 일이다.

그렇다면 반격은 어떻게 해야 할까. 굳이 얼굴을 붉히며 싸울 필요는 없다. 진짜 무서운 사람은 소리 지르며 화를 내는 사람이 아니라 부드러운 표정으로 물러서지 않는 사람이다. 상대가 "원래 그래."라고 말할 때 "그동안은 그렇게 해오셨나 보네요. 하지만 저에게까지 그 규칙을 적용하진 마세요. 저는 저에게 맞는 방식을 따르고 싶습니다."라고 차분하게 말하면 된다. 상대의 과거는 존중하되 내 선택에는 개입하지 말라는 뜻이다. "다들 그래."라는 말에는 "다른 분들은 그게 편하신가 보죠. 그 선택은 존중합니다. 하지만 '다들' 그렇다고 해서 제가 반드시 그래야 할 의무는 없습니다. 저는 제 방식대로 하겠습니다."라고 응수하면 된다. 남들이 어떻게 사는지 관심 없고 나는 내 길을 가겠다는 세련된 선언이다. "보통은 안 그래."라는 말에는 "그게 보통이라면, 저는 보통이 아닌 쪽을 택할게요. 평균보다 제 기준이 더 중요합니다."라고 말하며 그들의 좁은 기준에 들어갈 의사가 없음을 분명히 하는 것이 좋다.

　이 모든 대응은 화를 내지 않아도 된다. 오히려 살짝 미소를 띠고 침착하게 말할수록 더 강력하다. 상대가 "너 참 특이하다." "피곤하게 산다."고 비웃을 수도 있다. 하지만 그 말은 사실 당신이 그들의 낡은 프레임에 갇히지 않는, 대체 불가능한 사람이라는 뜻이다. "남들은 몰라도, 나는 아닙니다." 이 한 문장을 부드럽게 건네는 순간 당신은 집단의 그늘에서 벗어나 온전한 개인으로 서게 된다.

7-2

남을 깎아내리는 '조각가'들에게

세상에는 남을 깎아내리는 것을 인생의 업으로 삼는 사람들이 있다. 나는 그들을 '조각가'라고 부른다. 물론 그들은 예술가가 아니다. 예술가는 투박한 돌덩이에서 아름다움을 찾아내지만, 이들은 멀쩡한 사람을 깎아내려 부스러기로 만드는 파괴자들이다. 그들의 태도를 한번 봐라. 아주 가관이다. 눈빛은 이글거리고 손길은 섬세하다. 마치 로댕이 되어 불멸의 명작 <생각하는 사람>이라도 조각하는 줄 알겠다. 정과 망치를 들고 당신의 뱃살, 말투, 옷차림, 성격을 아주 디테일하게 깎아내린다.

“어머, 너 살 좀 찐 것 같다? 턱선이 사라지겠어.”

“그 옷은 좀 아니지 않아? 색깔이 널 죽이네.”

“네가 그걸 할 수 있겠어? 주제 파악 좀 해.”

이런 말들을 던질 때 그들은 자신을 솔직한 사람, 현실을 직시하는 사람, 심지어 “너를 위해 독하게 말해주는 사람.” 정도로 착각한다. 하지만 실제로는 이리 깎고 저리 깎으며 앞뒤도 없이 깎아대는 것뿐이다. 그 비장한 표정만 보면 대단한 예술 작품이라도 탄생할 것 같지만 결과는 뻔하다. 로댕은 <생각하는 사람>을 남겼지만, 이들은 <상처받은 사람>만 남긴다. 그들의 열정적인 조각질 끝에 남는 건 형체를 알아볼 수 없을 정도로 작아진 당신의 멘탈과 바닥에 수북이 쌓인 자존감의 돌가루뿐이다. 웃기지 않은가? 그 넘치는 열정으로 자기 인생이나 예쁘게 조각할 것이지, 왜 남의 멀쩡한 인생을 깎아 먹고 있나. 그들의 칼질이 거칠어질수록 정작 엉망이 되어가는 건 당신의 인생이 아니라 사실 그들 자신의 내면이라는 걸 그들만 모른다.

그래서 한 번 심리적으로 해부해 볼 필요가 있다. 그들은 도대체 왜 남을 조각하려 들까? 왜 멀쩡한 사람을 가만히 두지 못하고 흠집을 내야만 견딜 수 있을까? 그들이 당신을 조각하려 드는 이유는 당신이 부족해서가 아니다. 그들의 심리 밑바닥에는 지독한 열등감이라는 곰팡이가 피어 있기 때문이다.

첫째, 나를 깎아야 자기가 높아진다고 믿기 때문이다. 그들은 스스로의 힘으로 올라갈 능력이 없다. 자신의 키를 키울 노력을 하는 대신 남의 다리를 잘라 자기보다 낮게 만드는 쉬운 길을 택한다. 당신을 깎아내려 자기 발밑에 두어야 비로소 "아, 내가 쟤보다는 낫구나."라는 비겁한 안도감을 느낀다. 즉, 그들이 당신을 공격하는 이유는 당신이 모자라서가 아니다. 당신이 그들보다 빛나고 있기 때문이다. 그 빛이 거슬려서 어떻게든 깎아내려 조도를 낮추고 싶은 것이다.

둘째, 자신의 공허함을 타인의 비명으로 채운다. 속이 텅 빈 사람일수록 남의 험담에 집착한다. 내면에 채울 콘텐츠가 없으니 타인을 깎아내릴 때 생기는 그 자극적인 쾌감으로 하루를 버티는 것이다. 당신이 상처받고 표정이 일그러지는 것을 보며 그들은 변태적인 통제감을 느낀다. 누군가를 울리고 움츠러들게 만든 그 순간에만 잠깐 자신이 강한 사람이라고 착각한다. 실제로는 자기 자신을 세울 힘이 없기 때문에 타인을 무너뜨리는 방식으로만 자신을 확인하는 것이다.

이들은 또 하나의 교묘한 무기를 들고 다닌다. 바로 "농담"과 "걱정"이라는 가면이다. 이 비겁한 조각가들은 절대 정면에서 칼을 휘두르지 않는다. 아주 교묘하고 위선적인 포장지를 쓴다.

"야! 농담이야, 농담. 왜 이렇게 예민해?"

이 말은 가장 악질적인 수법이다. 사람을 기분 나쁘게 찔러놓고, 정색하면 "속 좁은 사람"으로 몰아간다. 명심해라. 듣는 사람이 기분 나쁘면 그건 농담이 아니라 배설이다. 그들은 배설물을 던져놓고 향수라고 우기는 중이다. 여기서 상대의 목적은 오로지 하나다. 상처 줄 권리는 자기에게 있고, 상처받을 자유는 당신에게 없다는 프레임을 유지하는 것. 이 프레임이 유지되면 그들은 언제든 "농담이야." 한 마디로 책임을 회피할 수 있다. 또 "다 너 걱정돼서 하는 말이야."라는 대사는 세상에서 가장 값싼 걱정이다. 남들 다 보는 앞에서 굳이 아픈 곳을 정으로 콕콕 찌르는 건 걱정이 아니라 저주다. 그들은 당신의 불행을

연료 삼아 자신의 우월감을 태우고 있을 뿐이다. 진짜 걱정은 사람을 사람들 앞에서 난도질하지 않는다. 조용히, 단둘이, 손을 내밀듯 건네진다. 반대로 공개된 자리에서 굳이 망신을 섞어가며 하는 '걱정'은 거의 대부분 자신의 우월감 과시 쇼에 가깝다.

그렇다면 이런 사람들에게 어떻게 대응해야 할까. 제목을 붙이자면, 웃으면서 상대의 입을 꿰매는 '우아한 반격'이다. 당신은 그들이 쪼아대면 부서지는 석고상이 아니다. 굳이 화낼 필요도 없다. 화를 내면 상대는 "너 예민하다."며 빠져나갈 구멍을 찾는다. 대신, 아주 친절하고 차분한 목소리로 그들의 조각칼을 뺏어버려라. 겉으로는 웃고 있지만 속뜻은 "선 넘지 마라."는 경고가 명확히 박히는 화법이다.

첫 번째 방법은 의도를 되묻는 것이다. 순진한 가면을 쓰고, 그러나 날카롭게 맥을 짚어라. 상대가 교묘하게 깎아내리는 말을 던질 때 못 알아들은 척 눈을 동그랗게 뜨고 물어보는 거다. 핵심은 '해석'을 상대에게 떠넘기는 것이다. "어머, 방금 그 말씀은 칭찬인가요, 아니면 욕인가요? 제가 눈치가 없어서 그런데, 정확하게 무슨 의도로 하신 말인지 설명해 주시겠어요?” 혹은 “제 단점을 그렇게 디테일하게 찾아내시다니 저한테 애정이 정말 많으신가 봐요. 감동 받을 뻔했네요. 근데 어쩌죠? 전 그런 제가 꽤 마음에 드는데요.” 같은 말은 상대를 정면으로 공격하지 않지만 그 말을 설명하는 순간 본인의 무례함이 고스란히 드러나기 때문에 그들은 얼버무릴 수밖에 없다. 상대를 당황하게 만드는 최고의 질문이 되는 것이다.

두 번째 방법은 “걱정”이라는 포장지를 찢어 버리는 것이다. “다 너 잘되라고 하는 소리야.”라며 오지랖 부리는 조각가들에게는 감사 인사를 가장한 ‘정중한 반송’ 멘트를 날려라. “저에 대한 깊은 관심은 정말 감사합니다. 하지만 그 걱정은 사양하겠습니다. 제 인생 조각은 제가 알아서 하고 싶거든요.” 혹은 “OO님, 본인 인생 작품 만드시느라 바쁘실 텐데 귀한 시간을 저한테 쓰지 마세요.”라고 말하는 것이다. 이는 “네 인생이나 잘해라.”라는 말을 아주 고급스럽게 돌려준 것이고, 듣는 순간 상대는 정면으로 반박할 말이 사라진다.

세 번째 방법은 타격감이 없음을 보여주는 것이다. 무반응이 최고의 경멸이라는 말은 정말 진리다. 그들이 원하는 건 당신이 붉으락푸르락하는 모습이다. 절대 그 먹이를 주지 마라. 대신 강 건너 불구경하듯 그러나 완전히 침착한 태도로 반응해라. 여유롭게 웃으며 "아, 그렇게 보일 수도 있겠네요. 재미있는 의견입니다. 참고는 하겠지만 반영은 하지 않겠습니다. 전 지금 이대로가 좋거든요."라고 말하거나, "열심히 깎아보세요. 근데 어쩌죠? 저는 다이아몬드라서 기스도 안 나는데요. 힘만 빠지시겠어요."라고 받아쳐라. 이 말 속에는 "너의 공격은 나에게 소음일 뿐이다."라는 메시지가 담겨 있다. 조각칼이 들어가지 않는 단단한 사람 앞에서 조각가는 결국 제풀에 지쳐 떨어져 나간다.

결론은 명확하다. 이런 쓰레기 조각가들을 당신의 인생에서 해고해야 한다. 남을 깎아내리는 사람은 고쳐 쓸 수 없다. 그건 단순한 습관이 아니라 거의 인격장애 수준이다. 그들이 칼을 휘두를 때마다 묵묵히 맞아주면 당신은 결국 형체도 없는 가루가 되어 사라질 것이다. 그러니 도망쳐라. 아니, 그들을 당신의 인생 작업실에서 쫓아내라.

"당신의 그 더러운 조각칼, 내 인생엔 필요 없습니다. 가서 당신 거나 깎으세요."

이렇게 선언하고 뒤돌아보지 말고 나와라. 당신은 누군가 깎아내려야 하는 미완성의 돌덩이가 아니라 그 자체로 이미 완성된 예술 작품이다. 누군가의 정과 망치에 맞춰 형태를 바꾸는 재료가 아니라 스스로 자신의 삶을 조각해 나갈 수 있는 창작자라는 사실을 잊지 말아야 한다.

7-3

사회생활을 하다 보면 눈을 의심하게 만드는 인간들을 만난다. 양복을 입고, 명함을 돌리고, 어른 대접을 받는데, 입만 열면 유치원생이 튀어나오는 사람들이다. 논리는 없다. 기분 나쁘면 떼를 쓰고, 불리하면 우기며, 원하는 대로 안 되면 삐진다. 우리는 그들의 말에 상처받고 밤잠을 설친다. "도대체 나한테 왜 저러지?"라며 고민한다. 그러나 번지수가 틀렸다. 당신이 상처받는 이유는 그들을 '동등한 어른'으로 대우했기 때문이다. 냉정히 따져보면 당신은 지금 다 큰 어른과 대화하는 것이 아니라 몸집만 커진

‘육체파 유치원생’과 실랑이를 벌이고 있는 것이다. 표면적인 성인은 많지만 정신적으로는 아직 성장판이 닫히지 않은 이들이 세상엔 훨씬 더 많다는 사실을 우리가 잊고 살아왔을 뿐이다.

철학자 비트겐슈타인은 말했다.

“내 언어의 한계는 내 세계의 한계다.”

이는 정확한 말이다. 한 사람이 구사하는 어휘의 폭은 그 사람이 살아가는 세계의 크기이다. 상대를 보라. 그들의 언어 어휘는 고작 다섯 살 수준이다. 그들의 사전에는 ‘존중’ ‘배려’ ‘성찰’ ‘타협’ 같은 고등 어휘가 없다. 오직 ‘나’ ‘싫어’ ‘내놔’ ‘짜증 나’ 같은 1차원적인 본능의 말들만 존재한다. 어휘가 부족하면 감정을 섬세하게 표현할 줄 모른다. 그래서 말 대신 화를 낸다. 논리적으로 설득할 단어를 모르니 목소리를 높이고 우긴다. 그들이 당신에게 막말을 퍼붓는 이유는 당신이 미워서가 아니라 그들의 세계가 그 정도 크기밖에 안 되기 때문이다. 좁아터진 언어의 감옥에 갇혀 사는 그들을 보며 분노할 필요가 없다. 오히려 딱하게 여겨야 한다. 당신은 넓은 광장에서 사는데 그들은 평생 좁은 놀이터에서 흙장난이나 하며 살아가는 셈이기 때문이다.

길을 가다가 5살짜리 꼬마가 당신을 향해 "아줌마(아저씨) 미워! 똥멍청이!"라고 외친다고 하자. 그 말을 듣고 당신이 집에 가서 이불을 뒤집어쓰고 우는가? "내가 진짜 똥멍청이인가…"라며 자괴감에 빠지는가? 그렇지 않다. 그저 "어이구, 애가 심통이 났구나." 하고 피식 웃고 지나갈 것이다. 왜 그런가? 상대는 미성숙한 존재이며 당신은 성숙한 어른이라는 사실을 알고 있기 때문이다. 레벨 차이가 너무 크니 타격 자체가 일어나지 않는 것이다. 그런데 왜 직장 상사나 동료가 내뱉는 유치한 말에는 무너지는가? 그들을 당신과 같은 레벨이라고 착각하기 때문이다. 이제 프레임을 바꿔야 한다. 나이만 먹었지 정신은 덜 자란 이들을 보며 화낼 필요 없다.

"아, 주민등록증은 나왔는데 정신연령은 아직 발급되지 않았구나."

이렇게 바라보라. 그러면 그들의 막말은 비수가 아니라 그저 억지에 가까운 잡음으로 들리기 시작한다.

남이 잘됐을 때 진심으로 축하해주는 능력은 지능이 높고 자존감이 단단한 사람들만이 가질 수 있는 고등 기술이다. 반대로, 다섯 살짜리는 친구가 새 장난감을 얻으면 배가 아파서 운다. 어른의 탈을 쓴 그들도 똑같은 메커니즘을 갖고 있다. 당신이 성과를 내고, 승진하고, 좋은 일이 생기면 박수를 치는 대신 "운이 좋았네." "독하네, 독해."라며 비아냥거리는 이들이 있다. 상처받지 마라. 그건 당신이 싫어서가 아니다. 그들의 그릇이 간장 종지보다 작아 당신이라는 큰 바다를 담아낼 수 없기 때문이다. 질투에 손과 발이 묶인 영혼들이다. 그들이 손뼉을 치지 않는다고 해서 당신의 무대가 끝나는 것은 아니다. 관객의 수준이 낮다고 명배우가 연기를 멈추겠는가? 당신의 길은 당신이 걷는 것이다.

문제는 여기서 끝나지 않는다. 대화가 불리해지면 즉시 '눈물'이라는 화학물질을 꺼내 드는 사람들이 있다. 특히 자신을 '피해자'로 포장하는 데 능한 이들은 논리가 막히면 감정으로 도망친다. 눈물 한 방울이 떨어지는 순간 가해자인 그들은 단숨에 불쌍한 피해자가 되고, 정당한 항의를 하던 당신은 냉혈한 가해자로 둔갑한다. 그런데 그들이 언제 우는지 아는가? 다섯 살짜리를 관찰해 보라. 물론 넘어져서 무릎이 까지면 운다. 하지만 말이 막히거나 거짓말이 탄로 날 것 같을 때도 운다. 엄마에게 혼날까 봐 상황을 모면하기 위해 터뜨리는 것이다. 울어 버리면 엄마가 혼내려다 멈추기 때문이다. 어른의 탈을 쓴 이들도 똑같은 전략을 쓴다. 이는 감동적인 휴먼 드라마가 아니라 치졸한 '눈물 화학쇼'일 뿐이다. 불리해지니까, 무서우니까, 거짓말이 들통날 위기에 처하니까 터뜨리는 비겁한 연막이다. 눈물로 본질을 흐리고 당신에게 죄책감을 심으려는 수작이다. 명심해야 한다. 눈물은 면죄부가 아니다. 그저 98%의 물과 2%의 단백질 등으로 이루어진 화학물질일 뿐이다. 그 액체가 흐른다고 해서 사실이 달라지지 않는다. 슬퍼서 우는 것과 쫄려서 우는 것을 구분해야 한다. 남들에게 보호받고 싶어서, 상황을 모면하고 싶어서 짜내는 눈물에 흔들릴 필요가 없다. 당신은 그 촌스러운 신파극의 조연 역할을 맡아줄 의무가 없다. 휴지 한 장 건네주며 차갑게 말해라.

"우는 건 자유입니다. 하지만 잘못은 잘못입니다. 울음을 그치고 하던 이야기 이어가죠."

결론은 간단하다. 레벨이 다른데 굳이 바닥으로 내려갈 필요가 없다. 똥이 더러워서 피하지, 무서워서 피하겠는가? 아니다. 내 옷에 묻는 게 싫어서 피하는 것이다. 5살 수준의 언어를 쓰는 사람들과 똑같이 싸우고 물어뜯는 건 당신 역시 진흙탕에 들어가 뒹구는 꼴이다. 그것은 승리가 아니라 하향 평준화다. 당신의 레벨은 너무 높다. 그들의 유치한 도발에 일일이 반응해줄 만큼 당신의 감정과 에너지는 싸구려가 아니다. 그들이 막말을 던지면, 떼를 쓰면, 우기면 이렇게 생각하라.

“어휴, 육아 난이도가 높군. 그래도 내 애가 아니라서 다행이다.”

그들을 교화시키려 들 필요도 없다. 그것은 그들의 부모나 선생님 몫이다. 당신은 그저 당신의 단단함을 유지한 채 그들을 투명인간 취급하면 된다. 그것이 고품격 언어를 가진 당신이 할 수 있는 최고의 복수다.

7-4

숨 막히는 '절친'보다
숨통 트이는 '느슨한 관계'가 건강하다

우리는 어려서부터 잘못된 우정 교육을 받았다. 친구는 비밀이 없어야 하고, 매일 붙어 다녀야 하고, 콩 한 쪽도 나눠 먹어야 한다고 배웠다. 그래서 성인이 되어서도 강박에 시달린다. 카톡 답장이 늦으면 서운해하고 주말에 안 만나주면 변했다고 비난한다. 그러나 이것은 우정이 아니라 집착이다. 서로의 일상을 침범하고 감정을 볼모로 잡는 관계는 '절친'이 아니라 '족쇄'에 가깝다. 결국 우리는 인정해야 한다. 숨 막히는 절친보다 가끔 보더라도 서로를 존중하는 '느슨한 관계'가 훨씬 더 건강하고 오래간다.

많은 사람들이 저지르는 가장 큰 착각이 있다. 바로 만남의 '빈도'가 곧 관계의 '밀도'라고 믿는 것이다. 일주일에 세 번씩 만나 술 마시고, 남 씹고, 신세 한탄을 늘어놓는 관계를 보라. 그들은 자신들이 엄청나게 친하다고 믿지만 그것은 친한 것이 아니라 그저 심심함을 달래기 위해 서로를 이용하는 '킬링타임 파트너'일 뿐이다. 반면, 1년에 한두 번 만나도 어제 만난 것처럼 편안한 친구가 있지 않은가? 그런 친구는 영양가 없는 대화 대신 서로의 성장을 응원하고 깊은 고민을 나누며, 자주 연락하지 않아도 든든한 뒷배가 되어준다. 이것이 진짜 밀도 높은 관계이다. 출석 도장 찍듯 매일 만나는 것에는 아무 의미가 없다. 중요한 것은 횟수가 아니라 만나서 어떤 대화를 나누고 어떤 에너지를 주고받느냐이다. 껍데기뿐인 잦은 만남으로 생과 시간을 낭비하지 마라. 그 시간에 차라리 잠을 자거나 책을 읽는 것이 당신 인생에 훨씬 이득이다.

모든 관계에는 '환기'가 필요하다. 식물도 너무 빽빽하게 심으면 뿌리가 엉켜 다 같이 죽는 법이다. 사람도 마찬가지다. 적당한 거리가 있어야 숨을 쉬고 각자의 방향으로 자라날 수 있다. 그런데 우리는 자꾸 그 거리를 좁히려고 안달이다. "우리가 남이야?"라는 말로 선을 넘고, 상대의 영역을 침범한다. 그러나 진짜 건강한 관계는 '바람이 통하는 관계'이다. 서로의 사생활을 존중하고 혼자만의 시간을 지켜주는 것, 연락이 조금 늦어도 "바쁜가 보네." 하고 넘어갈 수 있는 여유. 그 '느슨함'이 관계를 질기고 오래가게 만든다. 팽팽하게 당겨진 고무줄은 금세 끊어지지만 느슨한 고무줄은 절대 끊어지지 않는다. 친구를 잃기 싫다면 역설적으로 친구를 조금 놓아야 한다. 꽉 쥐려고 할수록 손가락 사이로 빠져나가는 것이 모래이고, 사람이다.

양경수 작가(그림왕 양치기)의 전시회에서 인상적인 단어 하나가 등장했다. 여러분에게도 알려주고 싶다. 바로 '대인깊이증'이다. 사람들은 많은 사람을 만나는 것이 피곤하고 싫어져 외로운 줄 알고 누군가 사람 만나는 것을 꺼리면 "너 대인기피증 있는 거 아니냐?"라고 쉽게 낙인을 찍는다. 그러나 그것은 기피가 아니라 관계의 '깊이'를 추구하는 과정이다. 아무나 만나 얕은 대화를 나누며 감정을 소모하느니 차라리 혼자 있거나 정말 소중한 소수의 사람에게 집중하겠다는 선언이다. 이것은 도망이 아니라 선택이다. 불필요한 인맥을 가지치기해야 진짜 내 사람에게 줄 영양분이 생긴다.

그러므로 이제부터는 당당하게 '대인깊이증' 환자가 되어도 된다. 이 병(?)의 증상은 매우 건강하다.

첫째, 영양가 없는 술자리는 단호하게 거절한다.

둘째, 내 자존감을 갉아먹는 사람은 망설임 없이 손절한다.

셋째, 대신 내 곁에 남은 소수의 사람에게는 내 마음의 가장 깊은 곳을 기꺼이 내어준다.

넓고 얕은 관계는 가뭄이 오면 쉽게 말라버리지만 좁고 깊은 우물은 말라버리지 않는다. 그러니 사람을 피한다고 자책할 필요 없다. 당신은 지금 사람을 위해 도망치는 것이 아니라 진짜 사람을 찾아 더 깊은 곳으로 파고 들어가는 중이다.

완벽한 복수는 '차단'이다
삭제하는 게 최고의 형벌이다

누군가에게 씻을 수 없는 상처를 입었을 때 우리는 본능적으로 복수를 꿈꾼다. 밤마다 이를 갈며 머릿속에서 끝없는 시뮬레이션을 돌린다. '다음에 만나면 면상에 물을 뿌릴까?' '망신을 줘서 사회적으로 매장해 버릴까?' '찾아가서 욕을 한 바가지 퍼부어줄까?' 같은 장면들을 반복 재생하면서 스스로 괴롭힌다. 그러나 미안한 이야기지만 그것은 복수가 아니다. 그것은 자해이다. 네가 이를 갈며 그 인간을 떠올리는 그 긴 시간 동안 네 인생은 멈춰 있고 네 감정은 썩어들어가고 있다. 정작 가해자인 그 사람은 두 다리 쭉 뻗고 잘 자고 있는데 피해자인 너만 불면증에 시달리는 꼴이다. 억울하지 않은가? 진짜 복수는 뜨겁게 하는 것이 아니다. 차갑게, 아주 차갑게 식혀서 버리는 것이다. 욕설도 폭력도 아닌, 가장 완벽한 복수는 바로 '존재의 삭제'이다.

"사랑의 반대말은 미움이 아니라 무관심이다."

너무 유명해서 지겨운 말처럼 들리지만 인간관계에서는 이보다 정확한 진리가 없다. 네가 누군가를 미워하고 저주한다는 것은 결국 그 사람이 네 마음속 일정 부분을 차지하고 있다는 뜻이다. 너는 여전히 그 사람에게 에너지를 쓰고 있는 셈이다. 그 사람은 네 인생의 빌런(악당)으로 출연하면서도 네 감정이라는 출연료를 챙겨가고 있는 것이다. 그런 존재에게 계속 에너지를 주는 것이 아깝지 않은가? 네 소중한 감정의 탯줄을 그 더러운 인간에게 연결해 놓을 이유가 어디 있는가? 그 줄을 가위로 싹둑 잘라내야 한다.

복수를 결심했다면 지금 해야 할 일은 단순하다. 핸드폰을 켜고 그의 이름을 찾는 것이다. 여기서 중요한 것은 단순한 '차단'이 아니다. 차단 목록에 남겨두는 것조차 과

한 배려다. 해야 할 일은 '삭제'다. 전화번호를 지우고, 카톡 친구 목록에서 지우고, SNS 팔로우를 모두 끊어라. 사진첩에 남아 있는 그의 얼굴들도 모두 휴지통에 처박고 '영구 삭제'를 눌러라. 이것은 의식이다. 네 인생에서 그 사람을 죽은 사람 취급하겠다는 '디지털·장례식'이다. 전화번호를 지우는 순간 네 뇌에도 명령을 내려라.

"이 인간은 이제 내 세계에 존재하지 않는다."

그렇게 마음속 폴더까지 휴지통으로 드래그해 비워버리는 것, 그것이 너를 자유롭게 만든다.

시간은 약이라는 말처럼 네가 열심히 너의 삶을 살아가다 보면 그 인간에 대한 기억도 서서히 희미해진다. 그러다 어느 날 낯선 번호로 전화가 걸려 올 수 있다. 받아보니 익숙하지만 이제는 역겨운 그 목소리가 흘러나온다.

"어, 잘 지내? 나야."

술에 취했든 아쉬워서 연락했든 상관없다. 바로 이때가 네가 준비해 온 복수의 하이라이트이다. 화내지 말고, 욕하지 말고, 차갑고 건조한 목소리로 단 한 마디를 던져라.

"…누구세요?"

이 한 마디면 모든 게임은 끝난다. 상대는 당황할 것

이다.

"나잖아! OO이!"

그러면 확인 사살을 해야 한다.

"죄송한데, 저장되지 않은 번호는 잘 몰라서요. 저 아시는 분인가요?"

이것이 완벽한 승리다. 네가 화를 내면 상대는 '아직 나에게 감정이 남았구나' 하고 착각한다. 그러나 "누구세요?"라는 말은 "너는 내 인생에서 기억할 가치조차 없는 먼지 같은 존재다."라는 사형 선고이다. 인간의 자존심을 가장 잔혹하게 짓밟는 방법은 미움이 아니라 '잊힘'이다. 상대는 수치심에 얼굴이 화끈거릴 것이고, 너는 전화를 끊고 아무 일 없었다는 듯 다시 너의 하루를 이어가면 된다.

기억해야 한다. 쓰레기봉투를 버리면서 "다음에 만나면 가만 안 둬야지."라고 말하는 사람은 없다. 그냥 버리고 손 씻고 끝이다. 인간쓰레기도 마찬가지다. 네가 이를 갈며 분노할 시간조차 허락해 주지 마라. 철저하게 무시하고, 연락처를 삭제하고, 네 머릿속에서 지워버려라. 그리고 무엇보다 보란 듯이 잘 살아라. 네가 너무 잘 살아서

그 인간의 이름조차 기억나지 않는 상태, 그것이야말로
신이 허락한 가장 우아하고 완벽한 복수이다.

문장은 거기에 쓰이는 언어의 선택으로 결정된다. 평소에 쓰이
지 않는 말이나 동료끼리만 통하는 표현은 배가 암초를 피하는
것처럼 피해야 한다.

율리우스 카이사르

제8장

가장 독하게, 가장 다정하게
나를 채우는 혼잣말

"남의 인정 따위 필요 없다.

내가 나를 인정하면 게임 끝이다."

과거의 '이불킥'은 부끄러움이 아니라 성장의 증거다

잠자리에 누워 스마트폰을 만지작거리며 아무 생각 없이 천장의 무늬를 세고 있을 때 예고 없이 뇌리를 후려치는 장면이 있다.

"으악! 내가 그때 진짜 왜 그랬지?"

마치 누가 다리에 전기 충격을 준 듯 반사적으로 발이 솟구치고, 평생 죄 없는 이불이 허공에서 처참하게 걷어차인다. 얼굴은 화끈 달아오르고 심장은 괜히 두 배로 빨리 뛴다. 타임머신만 있다면 당장 그 시절로 날아가 헛소리를 늘어놓던 내 입을 틀어막고 뒤통수를 한 대 후려갈

기고 싶은 충동까지 밀려온다.

이 기습적인 '기억 테러'는 우리가 방어 태세를 갖추기도 전에 무력하게 만든다.

기억의 레퍼토리는 참 풍성하다. 술기운을 빌려 전 남친(전 여친)에게 "자니…? 아님 말고…"라고 보냈던 그 압도적인 구질구질함, 친구들 앞에서 쿨한 척 내뱉었다가 지금 떠올리면 박제하고 싶은 중2병 감성 멘트들, 면접장이나 발표 자리에서 너무 긴장한 나머지 염소처럼 떨며 이상한 소리를 내던 그 찌질함까지. 이런 '흑역사 에피소드'들이 불쑥 찾아올 때마다 우리는 이불 속에서 몸부림치며 자책한다.

"나는 도대체 왜 저랬을까? 어쩜 저렇게 눈치가 없었을까?"

그러나 단호하게 말하자. 이불을 찰 필요가 없다. 오히려 벌떡 일어나 스스로에게 손뼉을 쳐야 한다.

"와, 나 많이 컸네. 이 정도면 진짜 성장 완성이다!"

지금 당신이 느끼는 그 참을 수 없는 민망함은 당신이 멍청해서가 아니라 당신이 진화했기 때문이다. 부끄러움은 퇴행의 신호가 아니라 '업데이트 완료'라는 증표다.

우리는 왜 과거를 유독 부끄러워할까? 이유는 단순하다. 당신의 안목이 높아졌기 때문이다. 10년 전 졸업앨범을 열어본다고 생각해 보라. 갑자기 나타나는 사자 갈깃머리, 색조 폭발 패션, 인생을 통달한 척한 허세 가득한 표정들. 그 사진들을 내려다보는 순간 입에서 불쑥 튀어나온다.

"아… 저걸 내가 하고 다녔다고? 진짜 사람 맞았나?"

하지만 솔직히 말하자. 그때의 우리는 그 모습이 멋지다고 믿었다. 문제는 지금이다. 지금의 당신은 훨씬 세련되었고, 훨씬 더 많은 걸 알고 있고, 무엇이 괜찮고 무엇이 재앙인지 알아차릴 수 있는 고급 감각을 갖추었다. 그래서 옛 모습이 촌스러워 보일 뿐이다.

반대로 과거 사진을 보고도 아무렇지 않다면? 그게 훨씬 더 공포다. 지금이나 그때나 안목, 감각, 생각 수준이 똑같다는 뜻이기 때문이다. 고인 물은 썩는다. 부끄러움은 흐르는 물만이 가진 특권이다. 이불킥은 나 자신이 계속 바뀌고 있다는 증거다.

사회 초년생 시절을 다시 떠올려보자. 전화벨이 울리면 심장이 내려앉고, 복사기 토너 하나 못 갈아 허둥대고, 회식 자리에서 무슨 말을 해야 할지 몰라 웃음만 흘리던 시절이 있었다. 지금의 당신이 보면 숨이 턱 막히고 답답해서 뒤통수를 치고 싶을 정도다. 하지만 지금의 당신은 전화를 받으며 동시에 타자하고 커피를 홀짝이며 농담까지 던진다. 후배 실수를 자연스럽게 수습해 주는 여유도 생겼다. 이 능숙함은 어디서 온 걸까? 하늘에서 뚝 떨어진 게 아니다. 바로 그 어설픈, 찌질했던 당신이 온몸으로 부딪히며 만들어낸 결과물이다.

서툰 과거가 없었다면 능숙한 현재도 없다. 초라했던 나의 흔적들이 쌓여 그 위에 지금의 내가 서 있는 것이다. 다시 말해 과거의 나를 욕하는 건 결국 나의 기초를 욕하는 것과 같다. 그 시절의 내가 있었기에 지금 나는 더 단단해졌고, 더 영리해졌고, 더 섬세해졌다. 과거의 나는 지금의 나를 만들기 위해 기꺼이 망가져 준, 어쩌면 가장 고마운 존재다.

이불킥을 완전히 멈추는 방법은 단 하나다. 다시 그 시절의 수준으로 되돌아가면 된다. 촌스러운 옷을 입고도 "나 좀 괜찮은데?"라고 착각하고, 부끄러워할 줄 모르고, 실수해도 쿨할 수 있는 그 마음가짐으로 돌아가면 된다.

무식하면 용감하다. 모르면 부끄럽지 않다. 단, 묻겠다. 진짜 돌아가고 싶은가? 단 1초라도? 절대 아니다. 당신은 이미 너무 많이 성장했고, 너무 많은 것을 알아버렸고, 너무 세련되어졌다. 과거가 부끄러운 것은 미숙함으로 돌아가고 싶지 않다는 당신의 뇌가 내는 강력한 신호다.

그러니 오늘 밤 또다시 흑역사가 당신의 뒤통수를 후려친다 해도 이불은 차지 마라. 이불은 죄가 없다. 대신 허공을 향해 손바닥을 살짝 들어 올려라. 그리고 어설프고 서툴렀던 과거의 나에게 이렇게 말해줘라.

"야, 10년 전의 나. 솔직히 좀 찌질했지. 근데 좀 귀엽기도 했다."

"네가 온갖 실수 다 해준 덕분에 나는 지금 실수를 피해가는 법을 배웠다. 고맙다, 애야."

상처는 시간이 지나면 흉터가 되지만 쪽팔림은 시간이 지나면 유머가 된다. 당신의 흑역사는 언젠가 술자리에서 사람들을 배꼽 잡고 웃게 만드는 최고의 안줏거리가 된다. 과거를 숨기지 않고 웃으며 말할 수 있는 사람만이 진짜 어른이다. 오늘 밤 흑역사가 문을 두드린다면 이불을 걷어차는 대신 조용히 속삭여라.

"성장통 겪느라 고생했다. 넌 그동안 참 잘 컸다."

8-2

상처받았을 땐 아파하지 말고 '퉁' 쳐라

인간의 기억력은 참으로 간사하고 이기적인 편집 기술자다. 남에게 받은 상처는 4K 초고화질로 평생 클라우드에 저장해두면서 내가 남에게 준 상처는 "그때는 어쩔 수 없었어." "그럴 의도는 아니었어."라는 구차한 변명을 달아 휴지통에 넣고 지체 없이 '영구 삭제'를 눌러버린다. 그래서 세상 모든 사람은 자기 인생이라는 영화 속에서만큼은 늘 억울한 비극의 주인공이고 세상의 풍파를 혼자 다 맞은 피해자처럼 살아간다. 누군가가 나에게 무례하게 굴었거나 믿었던 사람이 뒤통수를 세게 후려쳤던 순간을 떠올려보라. 우리는 그 억울함에 속이 뒤틀리고 분노가 치밀어 잠을 설치며 천장을 갈아버릴 듯 노려본다.

"내가 뭘 그렇게 잘못했다고? 내가 너한테 얼마나 잘해줬는데!"

하지만 감정을 걷어내고 아주 냉정하게 생각해 보자. 당신이 기억하지 못할 뿐 당신 역시 살면서 누군가의 가슴에 대못을 박은 적이 분명 있다. 아니, 정확히 말하면 셀 수도 없을 것이다. 무심코 던진 날카로운 말 한 마디, 귀찮다고 '읽씹'해버린 메시지, 내 기분을 우선하느라 상대를 안중에도 두지 않았던 행동 하나가 누군가에게는 밤새 뒤척이고 이불킥을 부르는 상처였을 수 있다. 당신 또한 누군가의 인생 서사 속에서는 충분히 짐승만도 못한 자식이자, 스토리를 흐트러뜨리는 빌런이었을지도 모른다. 그러니 이제부터는 상처를 받았다는 이유로 끙끙 앓으며 피해자 코스프레하지 마라. 이불 속에서 복수 시나리오를 돌리며 감정의 기름을 붓는 행동도 금지다. 그건 당신의 소중한 에너지를 쓰레기통에 직접 쏟아붓는 일이다. 대신 훨씬 단순하고 깔끔한 방식으로 정리하면 된다.

바로 '퉁' 치는 것이다. 이것은 비겁한 회피도 아니고,

억지스러운 정신 승리도 아니다. 오히려 당신의 멘탈을 보호하는 가장 합리적이고 실용적인 감정 정산법이다. 누군가 이유 없이 당신에게 비난을 퍼부었는가? 억울해하기 전에 이렇게 생각해라.

"아, 예전에 내가 김 대리한테 괜히 짜증 내고 퉁명스럽게 굴었던 거… 이걸로 벌금 냈네. 퉁!"

누군가 당신을 배신했는가?

"어릴 때 친구 비밀을 가볍게 말하고 다녔던 그 철없던 행동… 오늘 이 배신으로 죗값 치렀다. 퉁!"

이것은 종교적인 업보나 우주의 균형 같은 거창한 철학이 아니다. 그저 마음을 편하게 만드는 회계 장부 정리다. 받은 상처를 감정 창고에 쌓아두면 결국 곪고 썩어 병이 된다. 그러니 그 상처를 오래 들고 다니지 마라. 차라리 과거에 내가 줬거나 앞으로 줄지도 모를 상처에 대한 선납 벌금으로 처리해 버려라.

"그래, 나도 살다 보면 누군가를 아프게 할 때가 있겠지. 오늘 이 상처로 미리 쌤쌤이다."

이렇게 정산해버리면 상처는 더 이상 억울한 사건이 아니라 이미 결제 완료된 거래처럼 깔끔하게 사라진다.

타인의 반응 역시 마찬가지다. 여기에 일희일비할 필요는 단 1g도 없다. 모든 감정은 결국 오해에서 비롯되기 때문이다. 누군가가 나를 좋아한다면? 그 사람은 당신의 좋은 모습, 예쁜 면, 괜찮은 부분만 보고 좋아하는 것이다. 인스타 필터로 보정된 '인생 예고편'만 보고 반한 셈이다. 집에서 늘어진 티셔츠 입고 대충 묶은 머리로 누워 있는 모습, 배고프면 예민해져서 뾰족하게 튀어나오는 성격의 단면은 모른다. 그러니 우쭐해하지 말고 고마워해라.

"내 구질구질한 본모습을 몰라줘서 다행이다. 속아줘서 고맙다."

반대로 누군가가 나를 싫어한다면? 그 사람은 당신의 수천 가지 면 중 단 하나, 하필 재수 없게 보인 그 순간만 보고 판단한 것이다. 당신이 친구를 위해 새벽에 달려갈 수 있는 사람인지, 맡은 일을 끝까지 해내는 성실함을 가진 사람인지, 그런 진짜 가치는 보지 못했다. 그러니 억울할 이유도 없다. "내 진가를 모르는 안목 없는 사람이구나." 하고 넘기면 된다. 결국 타인의 호감도, 비호감도 당신의 전부가 아니라 일부분에 대한 오해일 뿐이다. 그러니 칭찬에 구름 위를 걷듯 들뜨지도 말고 비난에 땅이 꺼지도록 무너지지도 마라. 다 반쪽짜리 진실일 뿐이다. 그리고 상처받아 아플 때 바로 그 순간이 기회다. 고통은 말 없이 가르치는 스승이다.

'아, 이렇게 찔리니까 이렇게 아프구나. 그럼 내가 예전에 무심코 찔렀던 사람들도 이렇게 아팠겠구나.'

내가 직접 찔려봐야 칼날이 얼마나 날카로운지 알고, 상처가 얼마나 쓰라린지 알게 된다. 지금의 이 통증을 통해 과거의 내가 무심코 휘둘렀던 칼을 점검해라. 그리고 솔직하게 인정해라.

"그래, 나도 누군가에게는 짐승만도 못한 자식이었을 수도 있겠네."

이 불편한 진실을 인정하는 순간 남을 향해 들끓던 분노는 어느새 조용히 가라앉고 나를 향한 성찰이 천천히 자리 잡는다. 인간관계는 원래 주고받는 구조다. 우리는 좋은 것만 주고받는 게 아니라 상처도, 오해도, 실망도 주고받는다. 나만 일방적으로 피해를 보는 억울한 관계는 거의 없다. 오늘 누군가가 당신에게 생채기를 냈다면 방 구석에 웅크려 울 게 아니라 계산기를 두드려라.

"내가 살면서 알게 모르게 남에게 줬던 상처들, 오늘 이

걸로 퉁친다. 잔액 0원. 계산 끝."

이제 당신에겐 갚을 부채도, 받아낼 채권도 없다. 마음의 장부를 덮고, 불 끄고, 두 다리 쭉 뻗고 자라. 그게 이득이고, 그게 남는 장사이며, 그게 어른의 방식이다.

8-3

> **"내 기분은 내가 지킨다."**
> **남 때문에 나를 사망시키지 마라**

아침에 눈을 떴을 때만 해도 하루는 너무나 멀쩡했다. 커피는 유난히 더 맛있고, 공기는 시원하게 폐 속을 스쳤고, 내가 나에게 느끼는 만족도 역시 좋았다. 그런데 짧은 출근길 한복판에서 벼락이 떨어지듯 일이 터진다. 엘리베이터 문이 열리는 순간 마주친 상사의 찌푸린 미간, 혹은 별 의미 없이 툭 던졌을지도 모를 동료의 가시 돋친 한 마디. 단 몇 초의 사건이 당신의 기분을 순식간에 갈아엎는다. 방금까지만 해도 괜찮았던 심장이 갑자기 쿵쾅대고 머릿속은 그 사람의 말로 발목을 잡히기 시작한다.

"저 인간은 왜 나한테 저러지? 내가 뭘 또 잘못했나?"

그 순간부터 당신의 하루는 무너진다. 맛있던 음식도 모래처럼 씹히고, 업무도 흐트러지고, 모든 생각이 그 사람의 말 한 조각에 묶여버린다.

냉정하게 말하자면 이건 자살골이다. 남이 쏘아 올린 불쾌의 화살을 굳이 주워서 내 심장에 스스로 꽂아 넣는 행동. 남의 기분이 흐린 날씨라고 해서 왜 당신의 하루까지 장마가 와야 하는가? 남이 던진 돌멩이에 맞아 쓰러지는 게 아니라 당신이 남이 던진 돌멩이를 직접 집어 들고 내 머리에 내리찍는 꼴이다. 이보다 억울한 참사가 있을까.

생각해 보라. 누군가 험한 말을 내뱉을 때 그 말은 그 사람의 뇌에서 만들어진다. 입 밖으로 나오기 전에 이미 그 사람의 정신을 먼저 오염시키고 그 말이 공기를 진동시키며 귀로 들어갈 때 가장 먼저 직격하는 고막도 그 사람의 것이다. 결국 그가 뱉은 말은 본인에게 가장 깊게, 가장 오래 남는다. 그러니 그들의 말은 그들의 것이다. 그 말은 그 사람의 성격, 인성, 감정 상태를 보여주는 자기소개서이며, 당신의 문제를 드러내는 자료가 아니라 철저히 그 사람의 결핍과 수준을 보여주는 문서다.

그렇다면 왜 그 배설물을 내가 받아줘야 하는가? 길가에 누가 쓰레기를 버렸다고 해서 그걸 주워 내 가방에 넣는 사람은 없다. 그런데 왜 감정 쓰레기는 넙죽 받아먹는가. 그 사람이 뱉은 말은 다시 그 사람의 뇌로 돌아가게 두면 된다. 당신은 투명한 벽 하나만 세우면 된다.

"아, 오늘 당신 입안이 좀 어둡네요. 감정 양치는 스스로 하세요."

이렇게만 생각하면 된다.

세상에는 걸어 다니는 불행 송신탑들이 있다. 표정에서부터 한숨, 말투까지 온갖 나쁜 신호를 전파하는 사람들. "나 지금 기분 꽤 더럽다. 너도 좀 받아라." 이 신호를 덥석 물어버리는 순간 당신은 그들의 감정 하수구가 된다. 하지만 그 사람이 인상을 썼다고 해서 그 이유를 당신에게서 찾을 필요는 없다. 어젯밤 싸웠던 일, 속이 불편한 일, 집안 사정, 금전 문제… 그 모든 원인은 그 사람 인생의 문제이고 당신이 해결해 줘야 할 과제가 아니다. 그들의 나쁜 신호에 주파수를 맞추지 마라. 그냥 채널 삭제를 눌러라.

“오늘 잡음이 심하네요. 혼자 떠들어요.”

당신이 살아남으려면 이제부터는 뻔뻔하게 책임을 전가해야 한다. 상대가 무례하게 굴면 “예의 교육을 못 배웠구나. 부모님 책임이네.” 상사가 히스테리를 부리면 “피곤하거나 호르몬 문제겠네.” 친구가 헛소리하면 “지능이 오늘 좀 저혈당인가 보네.” 왜 나에게 잘못을 찾는가? 왜 나부터 의심하는가? 그건 상대의 미성숙함에서 오는 현상이지, 당신의 가치나 능력과는 아무 상관이 없다.

“네 기분은 네 책임이고 내 기분은 내 영토다.”

이렇게 마음속에 새긴 사람만이 남의 감정에 먹히지 않고 하루를 지켜낸다.

나의 하루는 결국 당신 인생이라는 책의 한 페이지인데 왜 그 귀한 페이지에 엑스트라들이 던진 낙서를 그대로 남겨두는가? 남 때문에 기분이 흔들리는 건 남에게 내 인생의 리모컨을 통째로 주는 것과 같다.

“네가 버튼 누르면 나는 울고 웃을게.”

이건 비참한 노예 계약이다. 리모컨을 뺏어와라. 그리고 선언하라.

“내 기분은 내가 정한다. 누구도 내 허락 없이 나를 불행하게 만들 수 없다.”

　남이 화살을 쏘아도 줍지 않으면 된다. 화살은 바닥으로 떨어지고 쏜 사람만 머쓱해진다. 남 때문에 나를 사망하게 시키지 마라. 당신은 타인의 찌푸린 얼굴이나 날 선 말에 흔들릴 만큼 싸구려가 아니다. 내가 나를 지키는 힘, 그 힘이 자존감의 마지막 보루다. 내 기분은 내가 지킨다. 그게 나를 사랑하는 첫 번째 의무다.

8-4

> 월요일부터 일요일까지,
> 나를 무장시키는 요일별 생존 언어

전장에 나가는 장수가 갑옷을 입지 않는다면 그건 용기가 아니라 오만이다. 세상이라는 전장은 당신의 기분 따위로 멈춰주지 않는다. 그러니 매일 아침 침대에서 눈을 뜨는 순간 가장 먼저 맞닥뜨리는 적은 외부가 아니라 내부의 나약함이다. 이 나약한 나를 가장 혹독하게 단련시키는 조교도, 가장 현실을 잘 아는 지휘관도 결국 '나'다. 하루를 버티는 것이 아니라 지배하기 위해 매일 아침 이 문장들로 자신을 무장시켜라.

월요일이 오면 우리는 알람 소리에 짜증부터 내며 다시

이불을 뒤집어쓴다. 그러나 그 축 처진 어깨로 거울을 보라. 그 표정이 어른의 얼굴인가? 지금 이 순간은 어제 병상에서 눈을 감은 누군가가 전 재산을 바쳐서라도 갖고 싶어 했을 기적 같은 시간이다. 감히 징징거리지 마라. 당신의 부정적인 에너지는 바이러스다. 당신 하나가 뿜어낸 무기력은 사무실 전체를 오염시킨다. 프로는 기분으로 일하지 않는다. 태도로 일한다. 오늘 해야 할 일은 불평이 아니라 증명이다. 내가 살아있다는 것, 그리고 내가 이 자리를 버틸 자격이 있는 사람이라는 것을 행동으로 보여라.

화요일은 늘 잔인하다. "아직도 화요일이야?"라고 시계를 원망하며 한숨 쉬는 순간 당신의 뇌는 이미 녹슬기 시작했다. 시간이 느린 게 문제가 아니라 집중하지 못하는 당신이 문제일 수 있다. 일은 많아도 좋다. 그건 기회다. 파도는 두려워하는 사람을 삼키고, 올라타는 사람에게 길을 내준다. 잡음은 끄고 몰입의 스위치를 켜라. 당신이 흘리는 땀의 밀도가 당신의 연봉을 결정한다. 변명할 시간에 성과를 만들어라. 실력 있는 사람은 말수가 적고 결과가 많다.

수요일이 되면 땅바닥에 철퍼덕 앉고 싶은 유혹이 찾아

온다. 모두가 지쳤다고 말하는 하루. 하지만 냉정하게 자문해 보라. 당신은 정말 번아웃이 올 만큼 치열하게 태웠는가? 아니면 단지 게으름을 포장할 그럴듯한 핑계를 찾는 중인가? 모두가 늘어질 때가 바로 기회다. 여기서 멈추면 평범한 직원이고, 여기서 한 발 더 가면 대체 불가능한 인재가 된다. 진짜 실력은 재능이 아니라 지구력에서 갈린다. 남들은 "못 해먹겠다."고 외칠 때 무표정한 얼굴로 묵묵히 자리를 지키는 것. 그것이 진짜 무서운 사람이다. 스스로에게 말해라.

"나는 고작 수요일 따위에 꺾일 사람이 아니다."

엄살은 집에 가서 해라. 지금은 버틸 때다.

목요일이 되면 마음이 흐트러지기 쉽다. 주말의 그림자가 희미하게 보이기 때문이다. 하지만 마라톤의 결승선 직전이 가장 힘든 법이다. 오늘을 대충 넘기면 내일의 당신이 뒤처리하느라 고통받는다. 미래의 나에게 빚을 떠넘기는 비겁한 행동을 하지 마라. 마무리가 허술한 사람은 어떤 자리에서도 신뢰받지 못한다. 남들이 지쳐 속도를 늦출 때 스퍼트를 올려라. 한 끗 차이는 그 순간 만들어진다. 흐리멍덩한 눈빛으로 금요일을 맞이하지 마라. 마지막까지 우아하게, 조용하지만 강하게 매듭을 지어라.

드디어 금요일이다. 해방감이 밀려오기 전에 자문해라.

"나는 이번 주를 후회 없이 살았는가?"

만약 시간만 보내며 월급을 축냈다면 오늘 밤을 즐길 자격이 없다. 즐기려면 먼저 버텨야 한다. 하지만 이번 주 당신이 진짜로 치열했다면 오늘 밤은 철저하게 당신을 위해 써라. 아무 도움도 되지 않는 술자리, 억지로 가는 모임에 얽매이지 마라. 당신의 시간은 당신의 것이다. 이 한 주 버틴 당신에게 최고의 대우를 해줘라. 맛있는 음식을 먹이고 따뜻한 말 한 마디를 건네라.

"고생했다. 이번 주 너는 꽤 괜찮은 인간이었다."

이 한 문장이 당신의 주말을 더 단단하게 회복시킨다.

토요일은 철저하게 이기적이어도 된다. 평일 동안 타인의 기대를 충족시키느라 지친 당신은 오늘만큼은 절대적으로 당신 왕국의 왕이 되어야 한다. 연락이 오든 말든 신경 쓰지 마라. 전화기를 꺼도 된다. 멍하니 누워도 된다. 아무것도 하지 않을 권리, 그것이 당신에게 주어진 가장 중요한 회복 프로그램이다. 내 시간의 주권을 찾아라. 내가 행복해야 세상도 아름답게 보이고, 내가 고갈되면 온 세상이 지옥처럼 변한다. 이기심은 죄가 아니라 회복의 방식이다. 오늘은 오직 당신 자신을 위해 존재해라.

일요일 저녁이 되면 어김없이 불안이 찾아온다. '월요병'이라는 이름의 그림자가 벽을 타고 내려온다. 하지만 걱정한다고 내일이 바뀌지 않는다. 불안은 준비 부족에서 온다. 막연한 공포로 하루를 망치지 말고 내일의 옷을 다려놓고 가방을 미리 챙겨라. 시뮬레이션을 돌려라. 준비된 장수는 전장을 두려워하지 않는다. 당신은 이미 지난주에도 버텼고, 그 전주에도 살아남았다. 내일이라고 다를 게 없다. 거울을 보고 선언하라.

"월요일, 오면 와라. 나는 이미 대비되어 있다."

말은 운명을 바꾼다. 단, 매일 뱉을 때만 인생은 거창한 한 방으로 바뀌지 않는다. 고작 이 7일의 지루하고 반복되는 일상들이 쌓여 당신의 성격이 되고, 태도가 되고, 결국 운명이 된다. 월요일에 무너지면 시작을 잃고, 금요일에 해이해지면 끝을 망친다. 하루하루를 내 언어로 장악하지 못하면 결국 타인의 말에 끌려다니는 노예의 삶으로 되돌아갈 뿐이다.

그러니 이 글을 눈으로만 읽지 마라. 쇼핑몰 장바구니

에 물건만 담아놓고 결제는 안 하는 것과 똑같다. 아무것도 변하지 않는다. 매일 아침 세수를 하고 거울 속의 나를 정면으로 바라보며 소리 내어 읽어라. 당신의 귀가 당신의 목소리를 들을 때 뇌는 그 말을 진짜 명령으로 받아들인다. "나는 강하다." "나는 흔들리지 않는다."라고 말하는 순간 신경계는 전투태세를 갖추며 당신의 하루를 지배할 준비를 한다.

처음엔 어색할 것이다. 오글거릴 것이다. 하지만 멈추지 마라. 계속 씹고, 삼키고, 몸에 새겨라. 어느 순간 위기가 닥치면 굳이 문장을 외우려 하지 않아도 내 안에서 단단하게 자라난 문장들이 조건반사처럼 튀어나올 것이다. 그때가 되면 당신은 더 이상 갑옷이 필요 없다. 당신의 존재 자체가 세상에서 가장 단단한 갑옷이 되어 있을 테니까. 상대의 말이 아닌 내 말로 나를 단단하게 할 때 세상은 운이 아니라 실력처럼 열린다. 결국 내 앞길을 여는 건 운빨이 아니라 '나답게 단단한 나'라는 사실을 잊지 마라.

부록

말, 말, 말

■

말, 말, 말

■

말은 오해의 근원이다.

때로는 진심이 말이 되어 전달되는 과정에서 왜곡되거나 오해를 낳을 수 있다는 점을 시사한다. ▶ 앙투안 드 생텍쥐페리, 『어린 왕자』

군자는 말은 더디게 하고 행동은 빠르게 한다.

君子欲訥於言而敏於行. 성급하게 말하기보다는 신중하게 생각한 후 행동으로 옮기는 것이 군자의 덕목임을 강조한다. ▶ 『논어(論語)』, 이인편(里仁篇)

말이 많으면 허물을 면키 어렵다. 그러나 그 입술을 제어하는 자는 지혜로우니라.

불필요하거나 과도한 말은 실수를 부르기 쉬우므로, 말을 삼가는 것이 현명함을 일깨워 준다. ▶ 『성경』, 잠언 10장 19절

말은 생각의 옷이다.

우리의 생각이 말을 통해 비로소 구체적인 형태를 갖추게 되며, 말의 중요성을 역설한다. ▶ 아르투어 쇼펜하우어, 『의지와 표상으로서의 세계』

우리가 귀로 듣는 것을 말하고, 마음으로 느끼는 것을 듣는다면 얼마나 더 친밀해질 수 있을까?

피상적인 대화가 아닌, 진정한 이해와 교감을 위한 경청과 공감의 중요성을 말한다. ▶ 괴테, 『젊은 베르테르의 슬픔』

감정 상태가 나쁜 상태에서 나쁜 말을 하지는 말아라. 왜냐하면 감정 상태는 바뀔 수 있지만, 당신이 내뱉은 말은 바뀔 수 없기 때문이다.

감정은 일시적이지만, 한 번 내뱉은 말은 되돌릴 수 없음을 강조하며, 감정적인 상태에서의 언행에 대한 경고를 담고 있다. ▶ 미상

글로서는 말을 다 표현할 수 없고, 말로서는 뜻을 다 표현할 수 없다.

말이나 글이라는 매체가 인간의 생각과 의미를 완벽하게 담아낼 수 없는 한계가 있음을 보여주며, 소통의 어려움과 표현의 깊이에 대해 생각하게

한다. ▶ 주자(朱子, 주희)

타인에 대한 소문도 입에 담지 말 것. 그 사람은 이렇다 저렇다 하는 생각도 애당초 하지 말 것. 그 같은 상상이나 사고를 가급적 하지 말 것.

타인에 대한 섣부른 판단이니 뒷담화, 부정직인 상상 자체를 멀리하는 것이 윤리적이고 지혜로운 태도임을 강조한다. ▶ 니체

말이 있기에 사람은 짐승보다 낫다. 그러나 바르게 말하지 않으면 짐승이 그대보다 나을 것이다.

인간만이 가진 언어의 힘을 올바르게 사용하지 않으면, 오히려 언어가 없는 짐승보다 못한 존재가 될 수 있다는 준엄한 경고를 담고 있다. ▶ 사아디 고레스탄

말은 꿀벌과 같아서 꿀과 침을 가졌다.

말은 달콤한 꿀처럼 상대를 위로하고 기쁘게 할 수도 있지만, 독침처럼 상처를 줄 수도 있음을 비유적으로 표현하여 말의 양면성과 신중함을 강조한다. ▶ 유대 격언

곰은 쓸개 때문에 죽고, 사람은 혀 때문에 죽는다.

자신의 가장 큰 장점이나 특징 때문에 화를 입을 수 있음을 나타내며, 사람에게는 말이 그러한 치명적인 결과를 초래할 수 있다는 점을 경고한다. ▶ 탈무드

모든 철학적 문제는 언어가 휴가 갔을 때만 생겨난다.

언어의 본질과 한계에 대한 철학적 통찰을 보여주며, 명확하고 적절한 언어 사용이 곧 문제 해결의 시작일 수 있음을 말한다. ▶ 비트겐슈타인

사고(思考)는 일종의 언어이다.

우리의 생각이 언어를 통해 형성되고 발전한다는 점을 강조하며, 생각과 언어가 밀접하게 연결되어 있음을 나타낸다. ▶ 비트겐슈타인

번역에서 중요한 것은 번역자 자신의 이해가 아니라 독자들이 이해할 수 있는 해당 언어로 재창조하는 것이다.

단순히 내용을 전달하는 것을 넘어, 듣는 사람 또는 읽는 사람이 진정으로 이해할 수 있도록 말을 다듬고 표현하는 대화의 본질을 보여준다. ▶ 안정오

문장은 거기에 쓰이는 언어의 선택으로 결정된다. 평소에 쓰이지 않는 말이나 동료끼리만 통하는 표현은 배가 암초를 피하는 것처럼 피해야 한다.

명확하고 보편적인 언어 사용의 중요성을 강조한다. 불필요한 전문용어나 특정 집단에서만 통하는 말을 피함으로써 소통의 오류를 줄일 수 있음을 시사한다. ▶ 율리우스 카이사르

경청은 상대방에게 줄 수 있는 최고의 찬사이다.

상대의 말을 주의 깊게 듣는 것 자체가 상대방을 존중하고 높이 평가하는 행위임을 강조하며, 대화에서 경청의 중요성을 역설한다. ▶ 미상

생각 없이 한 말 한 마디가 깊은 상처를 남기고, 생각 끝에 한 말 한 마디가 만고의 교훈을 준다.

말 한 마디의 영향력이 얼마나 큰지를 대조적으로 보여주며, 말의 신중함과 생각의 중요성을 강조한다. ▶ 미상

말에는 뼈가 있다.

비록 말은 보이지 않지만, 그 안에 숨겨진 의미나 감정은 상대에게 강한 영향, 특히 상처를 줄 수 있음을 나타낸다. ▶ 한국 속담

정직한 비판은 피할 수 없지만, 적절한 비판은 참을 수
있다.

비판 자체가 나쁜 것이 아니라, 비판을 전달하는 방식과 태도가 중요함
을 시사한다. ▶ 미상

훌륭한 대화는 두 명의 화자가 아닌, 두 명의 청자에게서
나온다.

진정한 대화는 말하는 것보다 상대방의 말을 잘 듣는 태도에서 시작됨을
강조한다. ▶ 미상

아름다운 말을 하면 할수록 마음이 순수해진다.

사용하는 언어가 자신의 마음과 인격 형성에도 영향을 미친다는 불교적
가르침을 담고 있다. ▶『법구경』

말은 칼보다 날카롭고, 칼은 상처를 만들지만, 말은 영혼
을 베고 인생을 바꾼다.

물리적인 상처보다 말로 인한 정신적인 상처가 더 깊고 오래가며, 한 사
람의 인생에 큰 영향을 미칠 수 있음을 비유적으로 표현한다. ▶ 미상

모든 것을 말할 필요는 없다. 하지만 말하는 모든 것은 진실이어야 한다.

불필요한 말을 삼가되, 입 밖으로 내는 말이라면 반드시 진실을 담아야 한다는 정직함의 가치를 강조한다. ▶ 벤저민 프랭클린

타인에 대헤 말할 수 있는 최선은 그들에 대해 아무 말도 하지 않는 것이다.

다른 사람에 대한 평가나 뒷말을 삼가는 것이 가장 현명하고 바람직한 태도임을 암시한다. ▶ 앙드레 지드

경청은 지혜의 가장 중요한 부분이다.

다른 사람의 말을 주의 깊게 듣는 것이 곧 지식을 얻고 현명해지는 출발점임을 알려준다. ▶ 미상

입은 재앙의 문이요, 혀는 몸을 베는 칼이다.

언어가 얼마나 위험한 것이 될 수 있는지 경고하며, 말을 잘못하면 큰 재앙을 불러올 수 있다는 뜻이다. ▶『증광현문』

이빨은 많이 가지고 있으나, 혀는 한 개만 가지고 있다. 한

개의 혀로 모든 이빨을 컨트롤하라.

말하기 전 수많은 생각(이빨)들이 충돌할 수 있지만, 단 하나의 혀(입)를 통해 신중하게 언어를 선택해야 함을 비유적으로 표현한다. ▶ 탈무드

들은 바를 전하는 데 있어 자기가 들은 대로 전하는 것만으로 거짓말쟁이가 된다.

소문의 왜곡 가능성과 말을 전할 때의 정확성 및 책임의 중요성을 강조한다. ▶『하디스(이슬람 경전)』

상처를 주는 것은 말의 내용이 아니라 말이 전해지는 방식이다.

같은 내용을 전달하더라도, 어떤 태도나 어조로 말하느냐에 따라 상대가 받아들이는 방식이 크게 달라질 수 있음을 보여준다. ▶ 미상

귀는 모든 방향으로 열려 있고, 입은 한 방향으로 닫혀 있다.

우리는 듣는 것을 더 많이 하고, 말하는 것을 조심해야 한다는 지혜를 담고 있다. ▶ 미상

가장 훌륭한 대화는 말없이 나눌 수 있는 대화이다.

언어를 초월한 깊은 교감과 이해가 진정한 소통의 최고 경지임을 나타낸다. ▶ 앙드레 지드

지혜는 귀로 들어와 눈으로 확인되고 입으로 나간다.

듣고, 보고, 그리고 나서 말하는 과정을 통해 지혜가 완성됨을 나타낸다. ▶ 미상

침묵은 어떤 때는 가장 큰 소리이다.

말하지 않는 침묵조차도 강력한 메시지를 전달할 수 있음을 의미하며, 침묵의 힘을 강조한다. ▶ 로마 속담

말은 그 사람의 정신의 그림이다.

한 사람의 생각, 가치관, 인격 등이 사용하는 언어에 고스란히 담겨 드러남을 시사한다. ▶ 에마누엘 스베덴보리

말의 힘을 과소평가하지 마라. 한 단어는 누군가의 하루를 바꿀 수 있고, 한 문장은 누군가의 인생을 바꿀 수 있다.

사소해 보이는 말 한 마디가 개인에게 얼마나 큰 영향력을 미치는지 강

조하며, 말의 잠재적 힘을 일깨워 준다. ▶ 미상

솔직함은 무례함이 아니다. 진실은 사랑으로 말해져야 한다.

솔직하게 말하는 것도 중요하지만, 그 과정에서 상대방을 배려하고 사랑하는 마음을 담아야 함을 시사한다. ▶ 미상

말은 배를 채우는 음식이 아니며, 마음을 채우는 양식이다.

물질적인 필요를 채우는 것 이상으로 말이 정신과 감정에 미치는 영향을 강조한다. ▶ 미상

가장 나쁜 버릇은 말하기를 중단하는 것이다.

사람 사이의 단절과 갈등의 시작이 바로 소통의 단절이라는 점을 지적하며, 대화의 중요성을 역설한다. ▶ 로버트 프로스트

진정한 대화는 상대방의 의견을 바꾸는 것이 아니라, 당신 자신의 견해를 바꾸는 것이다.

대화의 목적이 상대방을 설득하는 것 이상으로, 서로의 관점을 이해하고 자기의 생각을 확장하는 데 있음을 보여준다. ▶ 에이드리언 부리알라

말하는 것보다 침묵하는 데 훨씬 더 많은 용기가 필요할 때도 있다.

모든 상황에서 말하는 것이 능사가 아니며, 때로는 침묵이 더 큰 용기와 지혜를 요구할 수 있음을 강조한다. ▶ 이사벨 아옌데

말은 두 번 생각하고, 세 번 다듬고, 한 번 말하라.

말의 신중함을 극대화하여 강조하는 것으로, 여러 번의 숙고와 조심스러운 표현 과정을 거쳐야 함을 의미한다. ▶ 동양 격언 (또는 미상)

부드러운 말이 뼈를 꺾는다.

물리적인 폭력이 아닌, 부드러워 보이는 말이라도 그 안에 담긴 의미나 의도에 따라 사람에게 깊은 고통이나 영향을 줄 수 있음을 나타낸다. ▶ 히브리 속담

정직한 말은 꾸밈이 없고, 꾸밈이 있는 말은 정직하지 않다.

진실된 말은 단순하고 꾸밈이 없으며, 수식어가 많고 번드레한 말은 진실에서 멀어질 수 있음을 일깨워 준다. ▶『도덕경』

대화의 진정한 의미는, 두 사람이 서로 다른 의견을 가질 수 있다는 사실을 이해하는 것이다.

대화가 단순히 정보를 교환하는 것을 넘어, 서로의 다름을 인정하고 존중하는 과정임을 강조한다. ▶ 미상

세상의 모든 불행은 인간의 불확실한 말 때문에 생긴다.

명확하지 않거나 오해를 불러일으키는 말이 분쟁과 갈등의 근본적인 원인이 됨을 지적한다. ▶ 볼테르

나의 마지막 말을 가장 먼저 해야 하는 사람이 되어라.

자신의 주장을 명확하고 간결하게 전달하는 것이 중요하며, 핵심을 짚는 화법의 필요성을 말한다. ▶ 윈스턴 처칠

사람은 말하기 시작하면 혼자가 되지 않는다. 그러나 혼자일 때도 말할 수 있어야 한다.

소통이 인간의 본질임을 시사하면서도, 자기 자신과의 내면적 대화, 즉 사색의 중요성도 함께 강조한다. ▶ 알베르 카뮈

단순하게 말하라. 그럼, 사람들이 당신을 이해할 것이다.

효과적인 의사소통을 위해 복잡하게 말하기보다는 간결하고 명료한 표현이 필수적임을 조언한다. ▶ 아리스토텔레스

나는 말하는 것보다 듣는 것이 더 많았다. 그리고 듣는 것에서 항상 배우는 것이 더 많았다.

경청을 통해 새로운 지식을 습득하고 자신을 발전시킬 수 있다는 점을 강조한다. ▶ 레오나르도 다 빈치

진실은 짧고 명확하게 말해져야 한다.

진실은 꾸밈없이 본질 그대로 간결하게 전달될 때 그 힘을 발휘함을 역설한다. ▶ 장 자크 루소

가장 위대한 말은 침묵으로 가장 잘 표현된다.

언어로는 다 표현할 수 없는 깊은 의미나 감정은 때로는 침묵 속에 더 큰 울림을 갖는다는 뜻이다. ▶ 인도 격언

생각하는 사람만이 말을 경청할 수 있다.

단순히 듣는 것을 넘어 상대방의 말을 깊이 있게 이해하기 위해서는 자신의 사고력이 동반되어야 함을 시사한다. ▶ 스피노자

비난하는 말은 세 치 혀에 숨어 있고, 감사의 말은 천 리 길도 마다하지 않는다.

부정적인 말은 쉽게 내뱉기 쉽지만 큰 상처를 남기고, 긍정적인 감사의 말은 어렵지만 큰 울림을 준다는 메시지를 담고 있다. ▶ 미상

말은 우리의 입에서 나오지만, 한 번 나가면 다시는 돌아오지 않는다.

언행의 신중함과 되돌릴 수 없는 말의 특성을 강조하며, 발언의 무게감을 상기시켜 준다. ▶ 중국 속담

침묵은 우정의 가장 믿을 만한 기준이다.

진정한 친구 사이에서는 굳이 말을 많이 하지 않아도 편안하고 깊은 관계를 유지할 수 있음을 나타낸다. ▶ 벤저민 프랭클린

인생에서 중요한 것들은 말해지는 것이 아니다. 그것들은 일어난다.

때로는 말이 아닌 경험과 행동이 진정한 의미와 가치를 지닌다는 것을 보여준다. ▶ 에드워드 올비

듣는 기술은 말하는 기술보다 훨씬 더 중요하다.
성공적인 소통에서 말하는 것만큼, 아니 그 이상으로 상대방의 말을 잘
경청하는 것이 중요함을 역설한다. ▶ 알리스 테라

말하기 전에 들으려 노력하고, 쓰기 전에 생각하라.
모든 소통의 행위 전에 충분한 이해와 숙고의 과정이 선행되어야 함을
강조한다. ▶ 에이브러햄 링컨

훌륭한 대화는 두 사람이 함께 만든 재즈 즉흥 연주와도
같다.
대화가 단순히 정보를 교환하는 것을 넘어, 서로의 생각을 주고받으며
새로운 것을 창조해내는 예술적 행위가 될 수 있음을 비유적으로 표현한
다. ▶ 제니 오델

입을 다물고 바보로 여겨지는 것이 입을 열어 모든 의심
을 없애는 것보다 낫다.
불필요하거나 어리석은 말로 자신의 무지를 드러내기보다는, 침묵하는
편이 더 현명할 수 있음을 조언한다. ▶ 마크 트웨인

말이 마음을 표현하는 것 이상으로 마음도 말을 표현한다.

언어가 생각을 담는 그릇일 뿐만 아니라, 우리의 마음 상태나 태도가 말의 진정한 의미와 가치를 부여한다는 깊은 통찰을 제공한다. ▶ 레오 톨스토이

한 마디의 거짓말이 모든 진실을 의심하게 만든다.

한 번의 거짓말이 그 사람이 말하는 모든 것에 대한 신뢰를 무너뜨릴 수 있음을 강조한다. ▶ 미상

침묵할 때는 말이 금이고, 말할 때는 침묵이 금이다.

말이 필요 없는 상황에서의 침묵과 말하기 전에 깊이 생각하는 침묵의 가치를 동시에 역설한다. ▶ 미상

듣지 않는 자에게는 말하지 말고, 말할 줄 모르는 자에게는 듣지 마라.

효과적인 대화는 상호 이해와 경청의 태도를 전제로 함을 강조하며, 무의미한 소통을 경계한다. ▶ 미상

적절한 침묵은 어떠한 말보다 웅변적이다.

말없이도 강력한 메시지나 감정을 전달할 수 있는 침묵의 힘을 찬양하며, 침묵이 때로는 가장 효과적인 소통 방식임을 보여준다. ▶ 고대 격언

인간의 비극은 그들이 말하지 않는 것으로부터 시작된다.

오해와 불화의 근본적인 원인이 소통의 부재에 있음을 지적하며, 적극적인 대화의 필요성을 강조한다. ▶ 미상

지혜로운 자는 말을 아끼고, 어리석은 자는 말을 많이 한다.

말을 절제하는 것이 지혜로운 행동이며, 함부로 말하는 것이 어리석음의 징표임을 나타낸다. ▶ 고대 격언

말이 많으면 허물이 많고, 묵묵하면 실수가 적다.

불필요하게 말을 많이 하는 것은 실수를 초래하기 쉽지만, 침묵하고 있는 것은 실수를 줄이는 방법임을 시사한다. ▶ 중국 격언

남에게 들은 말은 비록 천 번을 곱씹어도 자기 말이 아니다.

다른 사람의 말을 앵무새처럼 되풀이하는 것은 진정한 자기 생각이나 주장이 아님을 강조하며, 주체적인 사고와 발언의 중요성을 말한다. ▶

말은 지혜를 감추고, 행동은 지혜를 드러낸다.

진정한 지혜는 말이 아니라 행동으로 증명되며, 말보다 행동이 더 중요하다는 점을 역설한다. ▶ 미상

경청하지 않으면 진실을 알 수 없고, 말하지 않으면 진실을 전할 수 없다.

소통의 양방향성을 강조하며, 듣기와 말하기가 균형을 이룰 때 비로소 진실이 밝혀지고 전달될 수 있음을 나타낸다. ▶ 미상

어리석은 자는 말로 남을 웃기고, 지혜로운 자는 침묵으로 남을 놀라게 한다.

말을 함부로 하는 어리석은 태도와, 깊은 사유와 침묵이 가져오는 지혜로운 태도를 대조적으로 보여준다. ▶ 미상

말로 인해 흥하고, 말로 인해 망한다.

말의 양면성을 극단적으로 보여주며, 언어가 개인과 집단의 운명에 결정적인 영향을 미칠 수 있음을 경고한다. ▶ 한국 속담

침묵은 때로 가장 강력한 대답이다.

상황에 따라 말이 아닌 침묵이 오히려 더 설득력 있거나 강렬한 메시지를 전달할 수 있음을 강조한다. ▶ 미상

듣는 자는 반만 듣고, 보는 자는 다 본다.

말만 듣는 것보다 직접 눈으로 보고 상황을 파악하는 것이 진실에 더 가깝다는 것을 강조하며, 직접적인 경험의 중요성을 시사한다. ▶ 한국 속담

말은 당신이 누구이며 무엇을 가졌는가를 보여주는 증거이다.

사람이 사용하는 언어와 어투가 그 사람의 인격, 지식, 배경 등을 드러내는 거울과 같음을 의미한다. ▶ 미상

진정한 소통은 말하기 전에 들어야 한다.

상대방의 말을 먼저 경청하고 이해하려는 노력 없이 자신의 말만 하려 한다면 진정한 소통은 어렵다는 점을 강조한다. ▶ 스티븐 코비 (Stephen Covey)

입을 한 번 열 때마다 당신의 지능을 세상에 노출하는 것
이다.

말 한마디 한마디가 자신의 지적 수준과 사리 판단 능력을 드러내므로,
신중하게 발언해야 함을 경고한다. ▶ 마크 트웨인

진실을 말하고 싶다면 배우가 필요하고, 진실을 듣고 싶
다면 바보가 필요하다.

때로는 진실이 받아들여지기 어렵기 때문에 이를 전달하는 데는 기술이
필요하고, 편견 없이 듣는 데는 순수함이 필요하다는 것을 비유적으로
표현한다. ▶ 랠프 월도 에머슨

침묵의 기술은 말의 기술보다 가치 있다.

적절한 순간에 침묵하는 것이 때로는 말을 잘하는 것보다 더 큰 영향력
과 지혜를 보여줄 수 있음을 강조한다. ▶ 미상

다른 사람을 설득하기 위한 최고의 방법은 그들이 말할
수 있도록 해주고, 당신이 주의 깊게 듣는 것이다.

상대방의 말을 경청하고 이해하는 것이야말로 진정한 소통과 설득의 시
작이라는 점을 역설한다. ▶ 데일 카네기 (Dale Carnegie)

강한 말이 반드시 강한 주장인 것은 아니다.

목소리가 크거나 표현이 거친 말이 반드시 논리적이고 타당한 주장은 아님을 지적하며, 말의 내용과 힘은 별개임을 나타낸다. ▶ 마틴 루서 킹 주니어 (Martin Luther King Jr.)

말이 당신의 감정을 제어하게 두지 말고, 당신의 감정을 말이 제어하게 하라.

감정에 휩쓸려 말을 내뱉기보다는, 이성적으로 감정을 통제하며 말하는 신중한 태도를 권유한다. ▶ 미상

침묵은 생각의 고향이다.

말없이 침묵하는 시간은 깊은 사색과 성찰의 기회가 되며, 새로운 생각과 지혜가 태어나는 공간임을 시사한다. ▶ 미상

말하기 전에는 생각하라. 생각한 후에는 실천하라.

단순히 말로 끝나는 것이 아니라, 신중한 생각을 통해 행동으로 옮겨지는 것의 중요성을 강조한다. ▶ 미상

진실을 말하고 사랑을 행하는 것은 신의 뜻이다.

우리가 말을 통해 추구해야 할 궁극적인 가치와 태도를 제시하며, 진실
과 사랑이 담긴 언어의 중요성을 역설한다. ▶ 미상

가장 많은 것을 말하는 사람은 항상 가장 현명한 사람은 아니다.

많은 말을 하는 것과 지혜로운 것은 별개의 문제이며, 지혜는 오히려 말
의 깊이와 절제에서 나온다는 것을 나타낸다. ▶ 미상

부드러운 말은 무거운 짐을 가볍게 한다.

온화하고 친절한 말 한 마디가 어려운 상황이나 관계 속에서 큰 위로와
해결책이 될 수 있음을 보여준다. ▶ 아프리카 속담

우리는 남을 설득할 때 이성보다는 그들의 귀와 감정에 호소한다.

논리적인 사실 나열 외에도 상대방의 감정에 공감하고 감성을 움직이는
것이 설득에 더 효과적이라는 소통의 심리를 보여준다. ▶ 미상

대화는 서로의 생각을 교환하는 것이지, 상대방의 생각을 공격하는 것이 아니다.

대화의 본질이 상호 이해와 존중에서 비롯되어야 함을 강조하며, 비난이나 공격적인 태도를 경계한다. ▶ 미상

듣는 자가 현명할수록 말하는 자는 더 많은 것을 얻는다.

상대방의 말을 잘 경청하는 태도는 단순히 정보 습득을 넘어, 더 깊은 통찰과 관계 개선으로 이어진다는 점을 시사한다. ▶ 미상

언어 권력

네 말이 아니라 내 말로 살기로 했다

초판1쇄 : 2025년 12월 24일

—

지은이 : 박비주
펴낸이 : 김채민
펴낸곳 : 힘찬북스

—

북 코디네이터 : 유윤주

—

주　소 : 서울특별시 마포구 모래내3길 11
　　　　　상암미르웰한올림오피스텔 214호
전　화 : 02-2227-2554
팩　스 : 02-2227-2555
메　일 : hcbooks17@naver.com

—

※ 이 책은 저작권법의 보호를 받는 저작물이므로
　무단전재와 복제를 금합니다.
※ 잘못된 책은 구매하신 곳에서 교환해 드립니다.
※ 값은 표지에 있습니다.

—

ISBN 979-11-90227-66-7 03190 © 2025 by 박비주